Aventuriers

Alex Capus

Aventuriers
Dix portraits d'industriels suisses

Traduit de l'allemand par Monique Baud

ÉDITIONS
CABÉDITA
2021

Remerciements

L'éditeur témoigne sa reconnaissance aux Éditions Carl Hanser Verlag, à Munich, pour avoir cédé leurs droits de traduction et mis à disposition l'iconographie fournie par les entreprises lors de la parution de l'édition originale en langue allemande. Il remercie également l'auteur pour son entière confiance et Mme Monique Baud pour son engagement en faveur de cette traduction en langue française.

Les Éditions Cabédita bénéficient d'un soutien de l'Office fédéral de la culture pour les années 2021-2024

Couverture : composition Éric Vaucher
© 2006. Éditions Albrecht Knaus Verlag
Titre original : *Patriarchen – Zehn Portraits*

© 2021. Éditions Cabédita, route des Montagnes 13B – CH-1145 Bière
BP 9, F-01220 Divonne-les-Bains
Internet : www.cabedita.ch

ISBN 978-2-88295-919-5

Avant-propos

Ma mère était institutrice. Efficace, enthousiaste et sévère, elle encourageait ses élèves selon leurs capacités et exigeait beaucoup d'eux. Lorsque j'étais moi-même à l'école primaire, il m'arrivait souvent d'avoir congé une heure ou deux avant la fin de sa classe. Je m'asseyais alors tout derrière sur un banc libre, lisais *Histoires de Bas-de-Cuir* ou *Winnetou* et attendais jusqu'à ce que nous puissions rentrer ensemble à la maison. Elle était alors jeune et pleine d'entrain, improvisant volontiers pour ses élèves des histoires qui les faisaient rire. Elle avait de la sympathie pour les élèves les plus faibles ; elle préférait souvent ceux qui, malgré toute leur bonne volonté, n'arrivaient pas à se mettre dans le crâne le livret sept. Mais face aux enfants impertinents et arrogants, elle perdait vite patience et pouvait élever la voix ; si les garçons des derniers rangs lançaient des boulettes de papier, elle ripostait avec des éponges et des morceaux de craie.

Quand elle disait « mes enfants », elle ne parlait pas de mon frère et moi, mais de ses élèves. Je suis sûr qu'elle aimait « ses enfants » et qu'elle était heureuse de leur apprendre à lire et à écrire. Mais aimait-elle aussi son métier – était-elle corps et âme institutrice ? J'en doute. Je suppose plutôt que, peu après la Deuxième Guerre mondiale, la fille de la campagne intelligente qu'elle était n'avait probablement pas eu d'autre choix que de devenir enseignante. Elle a certes entamé librement une carrière scolaire et personne ne l'a obligée à accomplir ses quarante années de service – ce qu'elle a fait avec une discipline militaire. Mais ce dont je suis également certain, c'est qu'elle n'a jamais été vraiment elle-même pendant toutes ces années professionnelles. Elle n'était elle-même ni comme enseignante, ni comme épouse, ni comme mère – mais seulement comme musicienne. Ma mère était et est toujours une grande musicienne. Je ne l'ai jamais vue si concentrée, si forte et si sûre d'elle qu'assise à son piano chez nous ou jouant de l'orgue à l'église. Elle interprète Bach et Haydn fièrement, avec autorité, ne tolérant pas ses rares faiblesses. Et lorsqu'elle arrive à la fin et qu'elle referme le couvercle du clavier, elle est toujours heureuse et détendue, comme jamais autrement. Je suis sûr qu'elle aurait pu devenir une pianiste célèbre, donnant des concerts sur les cinq continents. Mais ça n'est pas allé jusque-là : les aléas de la vie en ont décidé autrement – à cause de son origine et d'un manque de courage qui affecte souvent les plus doués, ou de l'amour et des fruits qu'il a portés ; mais aussi en raison du prix du pain et de la pénurie de logements ; et encore à cause du fait déplaisant que l'on a besoin d'argent pour vivre ; peut-être également en raison de l'esprit du temps de sa jeunesse, dont les héros n'étaient ni Bach ni Haydn, mais bien Elvis Presley, Roger Vadim et Brigitte Bardot ; peut-être même un peu à cause de cette Renault 4 CV, qu'elle a achetée avec son salaire d'institutrice et qui lui a permis de s'offrir de nombreuses petites fugues. Je n'en sais rien. Quoi qu'il en soit, elle a vécu et vit sa vie dans la dignité ; et il n'est écrit nulle part que son existence aurait été plus heureuse, plus épanouie, si elle avait pu suivre sa véritable destinée.

Chaque être humain a-t-il sa propre destinée ? Je n'en suis pas sûr. Est-il vraiment souhaitable que tout un chacun – même les monstres – suivent leur destin ? J'en suis encore moins certain. Mais je sais qu'il y a des personnes dont l'existence se cristallise autour d'un grand projet, d'une seule idée – et qui misent tout là-dessus, par exemple abolir l'esclavage en Afrique, mesurer le monde dans sa totalité ou comprendre le cosmos dans toute sa profondeur. Ou inventer des bas qui ne filent pas. Il vaut mieux ne pas épouser ces gens-là, car ils ne renoncent jamais à leur but et exigent de grands sacrifices d'eux-mêmes et de leurs proches. Mais on peut les admirer – les prodiges comme les moins doués, qui défient les pièges de la vie et trouvent le courage, à un certain moment, d'accomplir quelque chose de grand, d'extraordinaire. Prendre part à la vie de personnes qui sont vraiment elles-mêmes, ne serait-ce que pour un temps, est instructif et réconfortant. Et puisqu'un fait extraordinaire est le cœur de toute bonne histoire, je ne peux rien imaginer de plus plaisant que de rechercher dans le passé l'origine de ce fait.

Comment Henri Nestlé, pharmacien, en est-il venu à inventer son lait en poudre ? Qu'est-ce qui a poussé Carl Franz Bally, fabricant de bretelles, à créer la première et plus grande fabrique de chaussures du monde à Schönenwerd, ce village perdu en rase campagne ? Pourquoi Julius Maggi a-t-il inventé le cube de bouillon ? À quel moment l'étincelle a-t-elle jailli dans la tête de Rudolf Lindt ? Quand et où Fritz Hoffmann-La Roche a-t-il concrétisé l'idée qui devait mener à la création d'un groupe mondial ?

Je fais ici le portrait de dix patriarches. Chacun d'eux a eu une idée, chacun a fait une découverte grâce à laquelle il a été pionnier puis entrepreneur à succès dans le monde entier. Je les ai choisis selon de nombreux critères, entièrement soumis à mon arbitraire. J'aurais tout aussi bien pu choisir dix autres noms, ou encore dix autres, que j'ai examinés très sérieusement, mais finalement écartés pour diverses raisons. Malgré toutes mes recherches, aucun nom de femme ne m'est jamais apparu. D'après ce que j'ai pu constater, ce sont toujours des hommes, et des hommes du XIXe siècle, qui ont lancé les vaisseaux-amiraux de l'économie actuelle. Le temps des fondateurs était une époque clairement patriarcale qui, au plan économique, n'attribuait aux femmes que deux rôles possibles – prolétaire asservie au travail ou épouse de la bonne bourgeoisie disposant d'une dot confortable. Sans l'argent des beaux-pères, la plupart des entreprises présentées ici n'auraient en effet pas pu prospérer au-delà de leur phase de démarrage ; et pour ce qui est des quatre autres patriarches, s'ils n'ont pas eu recours à l'argent de leur épouse, c'est qu'ils possédaient eux-mêmes une petite fortune. Il semble bien que dans la vieille Europe, la classique carrière de laveur de vaisselle ne conduisait que rarement au sommet de la pyramide économique.

La comparaison entre ces dix hommes fait apparaître de nombreuses similitudes : tous possédaient un incroyable élan créateur, une originalité de pensée, une vision lucide de l'entreprise et de la politique ainsi qu'une volonté absolue d'atteindre leur but – même sans aucun scrupule ni égard s'il le fallait. Bon nombre d'entre eux étaient des immigrés, quelques-uns de la première génération, beaucoup de la troisième ou quatrième : le fait de se sentir étranger a peut-être favorisé leur parcours de vie hors norme. Ils s'occupaient de leurs ouvriers avec une bienveillance paternaliste, mais combattaient furieusement les syndicats ; en cela, ils étaient bien de leur temps. Au rythme de leur prospérité, la plupart d'entre eux ont développé un goût pour les bons côtés de la vie et les beaux-arts. Mais chacun était continuellement poussé par son idée qu'il poursuivait sans répit, le jour au bureau, la nuit à l'atelier. Les dix patriarches ont également en commun le fait que leur puissance créatrice s'épuise autour des cinquante ou soixante ans. À ce moment, l'œuvre de leur vie, devenue trop grande, échappe à ces hommes habitués à commander ; ils s'abandonnent alors à la mélancolie et quittent la vie beaucoup trop tôt. Seul l'un d'eux – le banquier protestant Johann Jacob Leu – poursuit son œuvre jusqu'à un grand âge, animé par une humble éthique du travail. Et un seul – le catholique Henri Nestlé – vend sans état d'âme son entreprise assez tôt pour profiter de ses vieux jours et de sa fortune sur les hauts du Léman, dans une villa lumineuse et des calèches à six chevaux.

De nombreux patriarches partagent un dernier point commun au-delà de la mort, à savoir le déclin à la *Buddenbrook* de leurs descendants. Les fils ont souvent marché dans les pas imposants du père fondateur afin de poursuivre et développer l'entreprise. Les petits-fils leur ont succédé et s'en sont encore à peu près sortis grâce aux réserves bien garnies. Les arrière-petits-fils ont ensuite refusé la succession, sur quoi les beaux-fils sont entrés en scène et, par intérêt personnel, ont vendu l'entreprise à des managers – ce qui, il faut l'avouer, ne s'est pas toujours fait au détriment de la firme.

Notre présent est-il aujourd'hui également une période fondatrice dans laquelle des idées audacieuses peuvent engendrer de grandes choses ? Je ne sais pas. Ce n'est probablement qu'avec le recul qu'on pourra en juger « car il faut que les histoires soient passées, et plus elles sont passées, pourrait-on dire, mieux elles répondent aux exigences de l'histoire, et c'est tant mieux pour le conteur, évocateur murmurant du prétérit »[1], comme l'écrit Thomas Mann dans la *Montagne magique*.

Alex Capus
Paris, 21 janvier 2006

---

[1] Traduction de Maurice Betz, 1931.

Rudolf Lindt

Rudolf Lindt, 1855-1909.
Copyright : Chocoladefabriken Lindt&Sprüngli AG.

Rudolf Lindt voulait-il seulement fabriquer un peu de chocolat pour impressionner la *jeunesse dorée*? C'est probable. Dandy charmant et gâté, fils de bourgeois aisés de Berne, il était tout sauf commerçant ou technicien. Jamais ce jeune homme très conservateur n'aurait imaginé que, grâce à un procédé révolutionnaire, il allait fabriquer le meilleur chocolat du monde. Les concurrents sourirent doucement lorsqu'en été 1879, il acheta, dans le quartier de la Matte à Berne, deux fabriques partiellement détruites par un incendie, dans lesquelles il installa une vieille machine à râper et un torréfacteur à cylindre, dans le but d'extraire la graisse de cacao des fèves selon un procédé ancestral, de réduire le reste en poudre par mouture et de mélanger le tout en y ajoutant du sucre pour obtenir une pâte dure que l'on pressait ensuite en forme de tablettes au prix de grands efforts. Il en résultait un produit courant à l'époque, mais immangeable selon les critères actuels – une masse douce-amère, friable qui, au lieu de fondre dans la bouche, s'émiettait comme du sable.

La noblesse européenne connaissait la fève de cacao depuis que le conquérant espagnol Hernando Cortez l'avait rapportée du Mexique en 1528. Alors que Vienne, Paris et Madrid voyaient fleurir des « salons de chocolat » distingués, où la bonne société

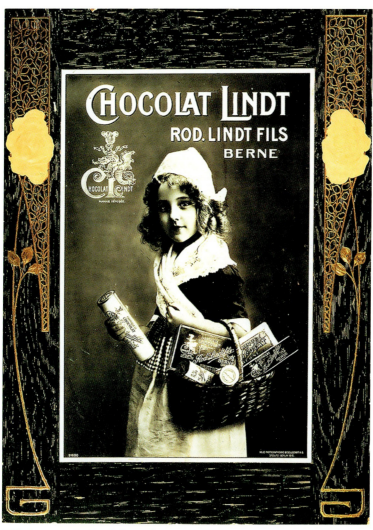

Affichette coloriée à la main, vers 1880.
Copyright : Chocoladefabriken Lindt&Sprüngli AG.

sirotait son chocolat chaud en grignotant de délicates pâtisseries, le cacao se généralisait en Suisse grâce à des ouvriers français et italiens itinérants. Les chocolatiers ambulants pilaient les fèves dans un mortier, ajoutaient du sucre brun grossier et formaient des sortes de cylindres qu'ils coupaient en tranches et vendaient à un prix assez élevé dans les foires annuelles.

Cet artisanat rudimentaire disparut lorsque François-Louis Cailler créa à Vevey, en 1819, une première fabrique de chocolat actionnée par la force hydraulique dans le but de produire en grandes quantités un chocolat meilleur et moins cher. En 1826, Philippe Suchard développa l'industrialisation à Neuchâtel, puis ce furent Kohler en 1830 à Lausanne, Sprüngli en 1845 à Zurich et Klaus en 1856 au Locle. Chacun bricolait et testait, affinait le goût doux-amer avec de la vanille, du miel ou de l'eau de rose, ajoutait de la graisse de cacao pour que la matière friable ne ressemble plus à des flocons d'avoine secs entre les dents. Les succès furent remarquables ; le chocolat suisse devint plus tendre, plus doux et plus fin ; il reçut de nombreux prix dans des foires internationales. Lorsque enfin, en 1875, Daniel Peter inventa le chocolat au lait, en ajoutant du lait condensé au mélange de cacao, les chocolatiers suisses avaient conquis une position dominante sur le marché mondial.

Le marché était saturé et la concurrence féroce lorsque Rudolf Lindt, à vingt-quatre ans, entra en scène. Il était issu d'une famille estimée de pharmaciens et de médecins de la bourgeoisie bernoise, dont l'ancêtre était venu de Hesse en 1768. Ceux qui le connaissaient le décrivaient comme un beau jeune homme raffiné, mais aussi orgueilleux et têtu. On ignore si Rudolf Lindt s'était distingué dans sa jeunesse comme étudiant brillant, travailleur appliqué ou aventurier intrépide. On sait seulement qu'il avait un goût marqué pour la chasse et les beaux-arts et qu'à dix-huit ans, il fit un apprentissage de deux ans à Lausanne, dans la fabrique de chocolat de son oncle Charles Kohler, qui lui donna trois cents francs comme cadeau de départ. Personne ne sait cependant si Kohler donna cet argent à son neveu en reconnaissance pour les services rendus ou s'il était juste content de le voir partir. De toute façon, on peut difficilement imaginer que ce fils de patricien, avec son front pâle, ses lèvres fabuleusement pleines et ses yeux bleu azur, se soit soumis sans aucune plainte au dur labeur quotidien de la fabrique.

Pour donner à son nom une touche plus mondaine, le jeune fabricant ne se nommait plus Rudolf – ou Rüedu, comme on disait à Berne –, mais « Rodolphe Lindt fils ». Cette étiquette élégante contrastait étrangement avec la fabrique miteuse du bord de l'Aar et, au début, le chocolat de Lindt n'était malheureusement pas fait, lui non plus, pour susciter l'émoi des « jeunes filles de famille » de Berne. Le torréfacteur hors d'âge ne fournissant pas assez de chaleur, les fèves ne séchaient pas bien et formaient une masse graisseuse dans le moulin. Quand on la pressait dans des moules, il fallait attendre une éternité jusqu'à ce qu'elle sèche – et alors le tout se recouvrait d'une pellicule grise qui rappelait furieusement une moisissure. Rodolphe Lindt était perplexe.

Pour que le phénomène de moisissure lui fût si incompréhensible, il faut supposer que sa formation dans la fabrique de son oncle avait été plutôt sommaire. Car à l'époque, comme aujourd'hui d'ailleurs, n'importe quel apprenti confiseur savait qu'il s'agissait du « blanchiment gras », donc pas de moisissure, mais d'une graisse déplacée en surface. C'était inoffensif, mais désagréable à l'œil et particulièrement préjudiciable à la vente. Affolé, Rodolphe appela son père, qui, en sa qualité de pharmacien, put lui expliquer l'origine du blanchiment gras. Il lui conseilla de mieux mélanger la graisse aux autres ingrédients en prolongeant le malaxage dans la conche longitudinale.

C'est ce que fit Rodolphe.

Ce qui arriva ensuite relève de la légende et reste inexpliqué : les uns prétendent que Lindt tâtonna pendant des mois avant de trouver la solution ; d'autres disent qu'il aurait simplement oublié, un vendredi, d'arrêter son mélangeur, actionné par une roue hydraulique, avant de partir à la chasse ou vers une aventure galante ; la masse de chocolat aurait ainsi été brassée sans interruption durant trois jours et trois nuits. Quoi qu'il en soit : lorsque Rodolphe revint à la fabrique, le lundi matin, il trouva dans sa cuve une masse brillante, sombre et veloutée, qui n'avait plus rien à voir avec le chocolat habituel. Plus besoin de presser péniblement le chocolat dans les moules : il suffisait tout simplement de le laisser couler. Et lorsqu'on l'avait en bouche, il ne

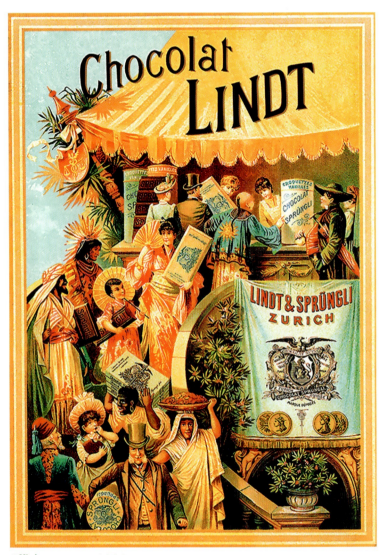

Affichette, vers 1890.
Copyright : Chocoladefabriken Lindt&Sprüngli AG.

s'effritait pas comme du sable, mais fondait sur la langue et développait nombre de délicieux arômes comme jamais auparavant.

Rodolphe Lindt comprit immédiatement qu'il avait fait une grande découverte. Ce que les autres produisaient était peut-être du chocolat. Là, c'était autre chose. Il baptisa sa merveilleuse création « chocolat fondant ». Mélanger le chocolat très, très longtemps – tel était l'unique secret de Rodolphe Lindt. Le plus étonnant, c'est qu'il ait réussi à le dissimuler pendant vingt ans aux regards curieux de la concurrence.

Au cours du traitement de plusieurs jours dans la conche, toutes les substances amères désagréables se volatilisaient, l'eau s'évaporait et les différents ingrédients formaient une liaison indissoluble. Cette recette allait permettre à Lindt de faire fortune.

Le monde s'arrachait son *chocolat fondant*. L'annonce de cette nouvelle délicatesse se répandit d'abord à Berne, puis à Zurich, Bâle et Genève, avant de gagner l'ensemble de l'Europe. Au bout de quelques mois, Lindt aurait pu ouvrir une deuxième, une troisième, une quatrième fabrique – mais il ne le voulait pas. Lindt refusait de devenir un entrepreneur moderne. Il restait le patricien excentrique et capricieux, qui préférait passer son temps dans les salons élégants plutôt qu'à la fabrique et pour qui le travail était une activité inférieure qu'il convenait, si possible, d'éviter. Il ne tenait pas du tout à vendre le plus de chocolat possible. Si sa fabrique produisait juste ce qu'il fallait pour satisfaire ses clients, alors il s'en contentait. Que tout un chacun ne puisse pas s'offrir un chocolat Lindt lui convenait parfaitement ; son produit devait posséder une valeur de rareté ; plus le délai de livraison s'allongeait, plus le désir des clients s'exacerbait. Les plus fidèles clientes de Lindt se trouvaient dans les pensionnats chics de Berne et Neuchâtel, où ces « filles de bonne famille » du monde entier recevaient le « vernis final » pour la vie – Lindt resta cependant célibataire toute sa vie.

Finalement, Lindt condescendit à faire un peu de commerce. Il donna son chocolat en commission au confiseur bernois Jean Tobler, qui envoya deux voyageurs de commerce dans tout le pays. Ceux-ci revinrent avec d'épaisses liasses de bons de commande et Lindt accorda dix-huit pour cent de rabais de gros. Tout se passa bien pendant dix ans. La demande augmentait d'année en année, les délais d'attente étaient de plus en plus longs, l'argent coulait à flots – mais Rodolphe Lindt fils n'avait aucunement l'intention de produire davantage de chocolat. Au lieu d'augmenter la capacité de production de sa petite fabrique, il essaya de faire baisser la demande en diminuant le rabais du grossiste, le faisant passer d'abord à treize pour cent, puis à dix et enfin à huit. Lorsqu'il eut l'aplomb de proposer cinq pour cent, Tobler dénonça l'accord et créa sa propre fabrique de chocolat.

Rodolphe Lindt se trouva alors face à un problème. Son chocolat était certainement le meilleur du monde, ce que même les concurrents jaloux reconnaissaient; les clients étaient certes prêts à payer n'importe quel prix – mais personne n'effectuait plus, pour le patricien, le fastidieux effort de promotion, le marchandage humiliant sur le prix et la basse activité de la vente. Lindt devait trouver quelqu'un prêt à faire ce travail pour lui. Il n'aurait pas eu à chercher longtemps – à la fin du XIXe siècle, tous les fabricants de chocolat du monde auraient payé n'importe quel prix pour s'approprier le secret du chocolat Lindt. Lorsqu'on apprit publiquement qu'il cherchait un nouveau partenaire, les chocolatiers renommés se précipitèrent avec des propositions de fusion, participation, reprise, coopération. Lindt les refusa toutes. Au début de 1899 cependant, il répondit favorablement – on ne sait pourquoi – au fabricant de chocolat zurichois Johann Rudolf Sprüngli. Lindt accueillit un sous-traitant zurichois à Berne le 25 janvier 1899, et un deuxième à Olten – à mi-chemin entre Zurich et Berne – le 12 février déjà. Selon le procès-verbal du conseil d'administration du 14 février, le beau patricien bernois faisait savoir au plébéien zurichois que la demande pour son chocolat «a pris de telles proportions qu'il n'arrive plus, et de loin, à y répondre. Mais comme il est enclin à se décharger quelque peu personnellement, il ne peut pas envisager de porter seul la responsabilité de l'accroissement des activités, pourtant évidemment indispensable et inéluctable; d'autre part, il ne veut pas non plus perdre la clientèle, si glorieusement acquise – à cause de l'impossibilité d'honorer les commandes, toujours plus importantes et plus nombreuses –, ni être privé de nouvelles demandes. Le moment est donc venu de franchir une étape décisive: soit d'être éjecté totalement de l'entreprise créée par lui-même en prêtant l'oreille à l'une des différentes offres d'achat, dont certaines sont excellentes, soit de garder

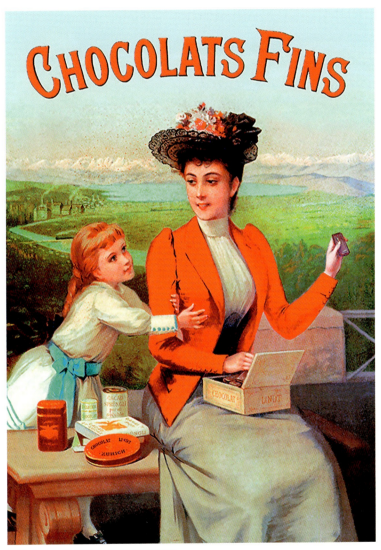

Affiche publicitaire, vers 1890.
Copyright : Chocoladefabriken Lindt&Sprüngli AG.

partiellement un intérêt dans l'affaire comme la fusion proposée lui en offre par exemple la possibilité. »

Le 16 mars 1899, Rodolphe Lindt vendit son entreprise à *Chocolat Sprüngli SA* au prix de 1,5 million de francs – montant qui équivaudrait à environ trente millions de francs selon le pouvoir d'achat actuel. Le prix d'achat comprenait la fabrique de la Matte à Berne avec tous les équipements, la clientèle et les marques déposées dans différents pays, ainsi que – et surtout – le secret. Le contrat de vente stipulait: « Dès que le versement en espèces à Rodolphe Lindt aura été effectué, celui-ci transmettra à Monsieur Rudolf Sprüngli, et à lui seul à ce moment, le procédé de fabrication utilisé jusqu'ici pour la fabrication du chocolat Lindt, après quoi la fabrication selon ce procédé pourra commencer également à Zurich. »

Pour une association, Lindt et Sprüngli présentaient les plus grands contrastes imaginables – l'un, bel esprit aristocrate et présomptueux; l'autre, simple commerçant, imprégné d'une éthique du travail zwinglienne, dont la famille, aux origines modestes, s'était élevée au prix d'un travail assidu. Le grand-père de Johann Rudolf Sprüngli, David, orphelin sans ressources, avait quitté le petit village d'Andelfingen pour Zurich, où il avait travaillé dur et économisé pendant quarante ans, avant de pouvoir acheter en 1836 la confiserie *Zum Goldenen Ring*. En 1845, son fils Rudolf fit l'acquisition d'un petit torréfacteur et d'une râpe à main; il fut le premier Suisse alémanique à entreprendre la production de chocolat. Les Sprüngli travaillèrent, se marièrent, élevèrent leurs enfants. Les filles furent mariées, les fils travaillèrent pour l'entreprise, dont la croissance s'affirmait d'année en année, avec plusieurs nouveaux établissements: une fabrique à Horgen en 1849, une élégante confiserie à la Paradeplatz à Zurich en 1859 et une autre fabrique au centre de Zurich en 1870. Dès 1879, Rudolf Sprüngli s'épuisa en vain à découvrir le secret de Lindt. Finalement, en 1898, un an seulement avant la fusion avec Lindt, les Sprüngli édifièrent la vaste fabrique « château » de Kilchberg, au bord du lac de Zurich, siège actuel de l'entreprise.

Les Sprüngli, si travailleurs, durent regretter amèrement de s'être engagés avec Lindt, ce personnage capricieux, qui désormais siégeait, avec son frère August, au conseil d'administration de *Lindt & Sprüngli* et gardait la direction de la fabrique de Berne; les Lindt avaient en outre imposé que leur cousin, Walter Lindt, entre dans l'entreprise en tant que fondé de pouvoir. Les Bernois, tenaces, furent constamment en conflit avec les Zurichois ; Rodolphe Lindt, en particulier, eut du mal, semble-t-il, à réaliser qu'il n'était plus maître à bord, ce qui était tout à fait inhabituel pour lui. Il refusa d'abord aux Sprüngli de produire, eux aussi, du chocolat Lindt, puis ce n'est qu'après de nombreuses hésitations et à contrecœur qu'il envoya vers le lac de Zurich quelques-unes de ses conches longitudinales. Il s'opposa aux stratégies de publicité et de vente des Zurichois, les chargeant par contre de tous les coûts de réclame et de personnel. Il essaya d'empêcher la création d'une association professionnelle des chocolatiers suisses, et lorsque celle-ci se constitua malgré tout, il ne respecta pas les accords sur les prix.

À Zurich, on avait l'impression que les frères Lindt s'étaient mis en tête d'évincer Rudolf Sprüngli de la direction de l'entreprise. Comme ils n'y parvenaient pas, Rodolphe et August n'hésitèrent pas à créer une deuxième fabrique de chocolat Lindt à la Matte, à Berne – non pas sur mandat de l'entreprise, mais en tant que propriété privée – pour la louer à Lindt & Sprüngli. C'était certes bizarre, mais les soupçons des Zurichois ne s'éveillèrent que lorsque, le 14 octobre 1905, Rodolphe et August Lindt résilièrent le bail et se démirent de toutes leurs fonctions chez Lindt & Sprüngli. En même temps, tout l'étage de la direction de la fabrique bernoise donna son congé, ce qui laissait présager le pire. En effet, six mois plus tard, le scandale public éclata lorsqu'August et Walter Lindt reprirent la production de chocolat selon la recette de Rodolphe Lindt dans leur nouvelle fabrique, à leur propre compte, sous la marque « A. & W. Lindt in Bern ».

L'indignation de la famille Sprüngli était à son comble. Rodolphe Lindt leur avait d'abord vendu à prix d'or son secret ainsi que la fabrique de Berne, et maintenant il commençait à produire lui-même au même endroit, selon la même recette, et pratiquement sous la même marque. Bien entendu, Lindt contesta le fait d'être « impliqué dans la nouvelle entreprise par le capital, le conseil ou l'action », mais personne ne le crut. « Cette campagne honteuse était préparée de longue date par la partie qui avait rompu le contrat, écrivit Sprüngli dans le rapport d'entreprise du 30 août 1906. Nous affronterons nos attaquants à l'arme blanche. »

Sprüngli porta plainte contre Messieurs Lindt pour infraction aux clauses de la concurrence dans les contrats d'embauche, puis également contre la nouvelle entreprise et ses propriétaires pour concurrence déloyale. En février 1909, la Cour d'appel du canton de Berne condamna les deux frères et leur cousin à de lourdes pénalités conventionnelles, qu'August et Walter contestèrent vainement devant le Tribunal fédéral. Rodolphe Lindt, qui avait déclaré sous serment devant la cour qu'il n'avait rien à faire avec *A. & W. Lindt*, mourut le 20 février 1909, quelques jours après la communication du jugement, à l'âge de cinquante-trois ans seulement.

Carl Franz Bally

Carl Franz Bally,
1821-1899.
Source : Service clientèle Bally.

En fait, Carl Franz Bally voulait juste rapporter à son épouse Cecilie une paire de bottines chic de Paris au printemps 1850. Mais comme il ne connaissait pas sa pointure, il en acheta une douzaine. De retour en Suisse, voyant toutes ces bottes, il conçut l'idée de créer la plus grande fabrique de chaussures du monde.

Les fées ne s'étaient cependant pas penchées sur son berceau et rien n'annonçait alors qu'il deviendrait l'un des industriels les plus riches et les plus influents de son temps. Il avait grandi dans une famille d'immigrés dans le village extrêmement pauvre de Schönenwerd, dominé par un couvent médiéval. En été 1778, son grand-père, Franz Ulrich Bally, compagnon maçon, avait quitté l'Autriche et était arrivé à Aarau, où il avait trouvé du travail sur le chantier de la nouvelle rubanerie. Lorsque la fabrique fut achevée, en automne, et que les ouvriers durent rentrer dans leur pays, le propriétaire de la fabrique, Rudolf Meyer, décida de garder son ouvrier autrichien, qui était vigoureux et travailleur. Dès lors, Franz Ulrich Bally s'occupa de la vente des rubans et des produits de mercerie de Meyer, puis ouvrit son propre magasin et fit construire une petite maison à Schönenwerd, un village voisin où le terrain était bon marché. Il épousa une jeune fille de l'endroit, qui lui donna quatre fils et deux filles et lorsque le moment fut venu, le fils aîné, Peter, reprit le magasin de son père. Malheureusement, Peter Bally était un homme dur et revêche, qui vécut en conflit permanent avec ses parents, ses cinq frères et sœurs et ses quatorze enfants. Il développa son commerce en ajoutant une petite fabrique de rubans. Mais comme il y avait déjà de nombreuses petites rubaneries en Suisse et que Peter Bally ne pouvait s'empêcher de se comporter comme un vieil ours bourru, même avec ses clients, l'entreprise était constamment menacée de faillite.

Les choses ne changèrent que lorsque le onzième de ses enfants, Carl Franz, le futur roi de la chaussure, rejoignit l'entreprise. Il comprit que les produits originaux se vendaient mieux que les modèles courants et se mit à la recherche d'un créneau sur le marché. En 1841, contre la volonté expresse de son père, il entreprit la fabrication de bretelles élastiques. Il employa bientôt une véritable armée de paysannes, qui cousaient les bretelles chez elles, souvent tard le soir, lorsqu'elles avaient terminé leur travail quotidien. Les affaires marchaient tant bien que mal, car il y avait déjà eu, avant Bally, un relativement grand nombre de fabricants de bretelles.

Et alors, ce fut le fameux voyage à Paris au printemps 1850. «J'étais à Paris, écrit Carl Franz dans le journal personnel qu'il a laissé, pour acheter des boucles et autres objets nécessaires à la fabrication des bretelles. Comme j'avais promis à ma femme de lui rapporter une paire de bottines, pour lesquelles je n'avais pas noté la pointure, mon vendeur eut l'idée de m'emmener dans le magasin d'une fabrique de chaussures pour acheter une douzaine de paires. Je fus étonné de voir une accumulation de milliers de chaussures de toutes sortes, qui, d'après ce qu'on me dit, étaient pour la plupart vendues dans des pays d'outre-mer. Je payai 72 francs pour douze paires de bottines, un bon prix, selon moi. Je me demandais, un peu malgré moi, s'il ne serait pas possible de fabriquer aussi des chaussures à Schönenwerd. Il devrait y avoir une consommation très importante en Suisse! Nous employons déjà des centaines de couturières pour fabriquer des bretelles; elles pourraient tout aussi bien coudre des tiges de bottes! Et on pourrait aussi former des ouvriers capables de fixer des semelles!»

Carl Franz Bally avait trouvé son créneau. Personne avant lui n'avait eu l'idée que l'on pourrait produire des chaussures de façon industrielle – comme on l'avait déjà fait auparavant pour les tissus et les vêtements. La cordonnerie avait jusque-là échappé à l'industrialisation ; tout le monde portait encore des chaussures faites à la main, pour autant que le besoin de porter des chaussures se fasse sentir et que l'on puisse se les offrir. Carl Franz se mit immédiatement à l'ouvrage. La difficulté était que personne, à Schönenwerd, n'avait la moindre connaissance dans la fabrication de chaussures et encore moins dans la production industrielle. Malgré cela, en 1851, Bally, qui n'avait pas encore trente ans, installa courageusement un atelier de découpe avec trente ouvriers. Il n'y avait encore aucune machine. Les chaussures étaient fabriquées de manière artisanale, comme cela se faisait alors, à la seule différence que les ouvriers se répartissaient les diverses étapes du travail. Sous la direction d'un cordonnier allemand, Martin Fass, que Bally avait recruté à Mayence, un premier assortiment de chaussures sortit de l'atelier, avec lequel le jeune patron, plein d'espoir, se rendit en Suisse romande. Mais il s'avéra que les chaussures étaient de piètre qualité et trop étroites – ce qui s'explique peut-être par le fait que Martin Fass n'avait fabriqué, à Mayence, que des chaussures pour enfants et des galoches. « Nous ne voulons pas de chaussures allemandes », répétaient les gens. Pour liquider tout de même sa marchandise, Bally dut céder plusieurs centaines de paires de chaussons et de bottines à lacet pour cinquante centimes la paire.

Dans ces circonstances, plus d'un entrepreneur aurait renoncé. Mais Carl Franz Bally continuait à croire à son idée. Comme de nombreux patriarches de l'époque des fondateurs, il était bien décidé à écarter sans aucune hésitation tous les obstacles qui se dresseraient sur son chemin. Pour commencer, il remplaça son chef de production incapable par un homme compétent ; puis il installa ses propres magasins à Berne et à Zurich. À Bâle, où la fabrication était encore organisée en corporations, comme au Moyen Âge, et où la vente des chaussures était le privilège exclusif des membres de la corporation, il contourna la loi en ouvrant son propre magasin, mais en confiant la vente, pour

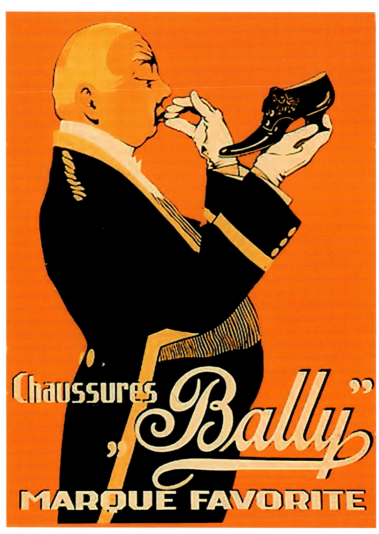

Affiche publicitaire, vers 1910.
Source : Service clientèle Bally.

la forme, à une veuve nommée Soller. À Aarau, il réussit aussi à duper les corporations : comme les dispositions corporatives prescrivaient qu'aucun ouvrier de Bally n'avait le droit d'habiter dans la ville, il s'arrangea avec un cordonnier d'Aarau, nommé Lüscher, qui fit semblant de prendre les ouvriers à son service.

Dans les premières années, les affaires marchaient mal. Il manquait le capital qui aurait permis d'acheter des machines. Les banques refusaient d'accorder des crédits à Bally. Et comme les chaussures Bally étaient encore loin de la perfection grâce à laquelle elles allaient acquérir une réputation mondiale, les ventes piétinaient. Malgré tout, Bally achetait de nouveaux outils chaque fois qu'il disposait d'argent liquide et engageait du personnel, autant qu'il le pouvait – et parfois même plus. Si l'argent se faisait rare, les ouvriers devaient souvent attendre plusieurs mois avant d'être payés, avançant ainsi à leur chef, sans le vouloir, le fonds de roulement.

La percée décisive se produisit au bout de cinq ans : en automne 1857 arriva à Schönenwerd un commerçant allemand qui voulait exporter en Amérique du Sud des chaussures grossières pour les planteurs et les colons. Carl Franz Bally saisit cette opportunité. Il acheta encore plus de machines, engagea plus d'ouvriers et construisit de nouveaux ateliers. Les affaires avec l'Amérique du Sud se développèrent de manière exponentielle. Une année plus tard, il fallut construire une nouvelle fabrique, puis une autre en 1860 ; les entreprises Bally poussaient comme des champignons sur un large périmètre autour de Schönenwerd.

Les fabriques de chaussures apportaient un certain bien-être à la région. On construisit un chemin de fer reliant les villages du Jura, jusque-là très isolés, à Zurich et Bâle. Pour que le trafic se mette à rouler aussi sur la route, Bally exigea de l'État et des villages avoisinants qu'un pont soit construit sur l'Aar ; jusque-là, les ouvriers de Bally qui vivaient sur l'autre rive dépendaient du bac. Comme le gouvernement hésitait à cause des coûts, Bally se fit élire au parlement cantonal où il fit antichambre et intrigua jusqu'à ce que le gouvernement cède et fasse édifier un pont juste devant le portail principal de la fabrique.

Dès lors, l'entreprise se donna pour principe d'être représentée à tous les échelons de la politique. Bally aidait ses cadres à se faire élire dans les conseils communaux des villages voisins où ceux-ci veillaient aux intérêts de Bally. Les fils du patriarche furent bientôt en mesure de contrôler que tout se passe bien au niveau du législatif cantonal. Carl Franz lui-même se fit élire au Conseil national en 1876 – surtout dans le but de créer une loi suisse sur les brevets, car entre-temps, Bally avait acquis un certain savoir-faire qu'il s'agissait de protéger. «Autrefois, j'étais aussi un adversaire de la protection des brevets, disait-il la veille de la votation populaire, et j'expliquais qu'il était dans l'intérêt de l'industrie suisse de pouvoir tout imiter. Je suis entièrement guéri de cette opinion car j'ai eu plus d'inconvénients que d'avantages en contrefaisant. Celui qui contrefait arrive toujours trop tard et doit vendre moins cher. Dès le moment où nous avons pu présenter par nous-mêmes de nouveaux articles, notre industrie a acquis une grande autonomie.»

Depuis longtemps, Bally était l'employeur le plus important loin à la ronde. Par centaines, les petits paysans pauvres quittaient leurs fermes pour s'engager dans la fabrique de chaussures; des dizaines de cordonniers, tanneurs, mécaniciens, charretiers, vendeurs, dessinateurs et représentants de commerce entrèrent au service de Bally. Comme ils avaient tous besoin d'un toit, Bally fit construire des maisons que ses employés pouvaient lui payer à crédit: des villas classiques pour les cadres, de confortables maisons à deux familles pour les employés supérieurs et des maisonnettes simples, mais coquettes, avec un jardin potager, pour les ouvriers. Une erreur fut commise pour ces dernières: pour des raisons d'économie, elles ne furent pas excavées, ce qui favorisa la prolifération de mérules dans les murs. Bally les fit démolir et reconstruire avec une cave.

Les fabriques de Bally ne cessaient de croître. Parallèlement, comme partout en Europe, le nombre d'ouvriers, sans aucun droit, croissait tout aussi vite – ces ouvriers qui n'obtenaient de leur patron «nourricier» qu'un salaire leur permettant juste de ne pas mourir de faim. En Suisse aussi apparurent des associations et des partis socialistes, des syndicats organisèrent les premières grèves. Carl Franz Bally sut habilement les éviter en anticipant les revendications. Il mit en place une caisse maladie de l'entreprise ainsi qu'une prévoyance vieillesse; il s'occupa aussi de l'approvisionnement en eau et des canalisations. Il créa des crèches, des cuisines populaires et des maisons de retraite;

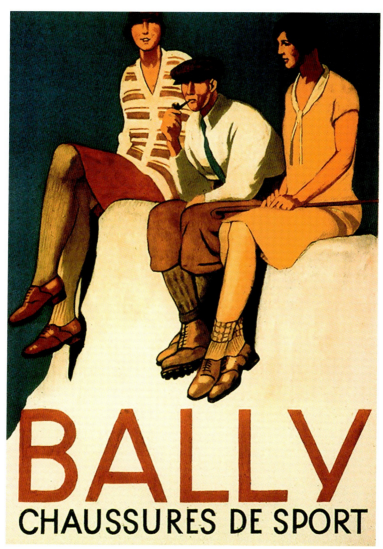

Affiche publicitaire, vers 1930.
Source : Service clientèle Bally.

il fit aménager un parc au bord de l'Aar dans lequel ses ouvriers pouvaient se reposer le dimanche.

Malgré toute sa bienveillance, « papa Bally », comme il aimait à se faire appeler, n'avait pas que des amis. En janvier 1864, il reçut une lettre anonyme: «Monsieur! Depuis que vous avez créé votre fabrique de chaussures, plusieurs artisans cordonniers d'Aarau et environs ont perdu leurs revenus. Six d'entre nous ont juré de vous tuer ou de brûler tout ce que vous avez. Depuis longtemps, j'avais l'intention de vous poignarder, car je n'ai presque plus aucun revenu. Au nom des conjurés.»

Mais Carl Franz Bally n'en fut pas déconcerté pour autant. Comme Schönenwerd et sa fabrique avaient besoin de toujours plus d'énergie, il décida de construire un canal le long de l'Aar. «Je ne pouvais pas faire effectuer des mesures de déclivité, écrivait-il dans son journal, car si mon projet avait été connu, on m'aurait fait des prix de terrain trop élevés. Je suis donc allé avec mes fils le long des rives; nous nous sommes allongés sur le sol et avons remonté le cours de la rivière avec nos mètres; nous étions d'accord pour dire qu'il devait y avoir une pente de cinq pieds jusqu'à l'ancien mur de défense de Gretzenbach. Et c'était bien cela dans la réalité.» Le canal fut mis en service deux ans plus tard. La pente était de 5,2 pieds.

Tout cela – les bâtiments, les machines, les conduites et les canaux – coûtait beaucoup d'argent. Pour que cet argent revienne dans les caisses, il fallait que les machines fonctionnent chaque jour le plus longtemps possible et le plus de jours possibles dans l'année; les ouvriers étaient obligés de travailler douze heures ou davantage par jour. Lorsque les syndicats commencèrent à protester, l'entreprise Bally prévint une grève en introduisant en 1903 – la première dans la région – la journée de dix heures. En signe de reconnaissance, les patrons de Bally attendaient de leurs ouvriers qu'ils se tiennent à distance des syndicats. Eduard et Arthur, les fils du patriarche, se montrèrent particulièrement sévères en imposant cette interdiction d'une poigne de fer: tout ouvrier de Bally démasqué comme syndicaliste était congédié sur-le-champ et les Bally se faisaient un devoir personnel de faire en sorte que celui qui était tombé en disgrâce ne retrouve plus de travail dans la région.

Pour l'entreprise Bally, les choses ne furent pas aussi faciles avec l'Église catholique, dont Carl Franz s'était fait une ennemie dès sa jeunesse. Libéral éclairé, il avait épousé une protestante – le premier à le faire à Schönenwerd – et il refusait que ses enfants aillent se confesser. Plus grave encore, il demandait à ses ouvriers de travailler pendant les jours de fêtes catholiques. « Il y a à Schönenwerd un évêque à la nouvelle mode, ironisait, du haut de la chaire, le curé Christian Wetterwald, le 10 janvier 1864. Il vous oblige à travailler pendant les jours très saints. Quand il a voulu baisser vos salaires, vous avez tenu bon tous ensemble, mais maintenant, alors qu'il s'agit de la gloire de Dieu, allez-vous obéir ? Oui, direz-vous, Monsieur le curé peut bien parler, il ne nous donne rien, alors que nous avons besoin de notre salaire. Oh ! mes chers, le Ciel est assez riche, il saura vous dédommager d'une autre manière. Il ne suffisait pas que votre patron soit infidèle à sa foi, il veut aussi vous détourner, vous ses ouvriers, et faire de vous des renégats. »

Un autre jour, Wetterwald accusa Carl Franz Bally de profaner les fêtes religieuses. De son côté, Bally mit tout en œuvre pour briser la puissance des curés détestés à Schönenwerd. Il joua un rôle déterminant dans la suppression du couvent et la sécularisation de ses biens. Et pour donner à ses ouvriers, en majorité catholiques, une nouvelle « patrie » religieuse, il fonda, avec d'autres habitants et industriels, l'Église catholique-chrétienne – qui connaissait bien sûr beaucoup moins de jours fériés que l'Église catholique.

Une chose n'avait cependant pas changé durant les vingt premières années de Bally : les chaussures étaient toujours fabriquées principalement à la main, avec très peu de machines. Mais en 1870, le fils aîné de Carl Franz, Eduard, qui venait de fêter son vingt-troisième anniversaire, entreprit un voyage aux États-Unis pour acheter des machines et rechercher les techniques les plus modernes pour l'entreprise. Eduard Bally visita des fabriques de chaussures à New York et Boston et fut impressionné. Le 11 juin, il écrivit à son père : « Lorsqu'on a vu l'Amérique, en tant qu'industriel de la chaussure, alors toute la machinerie française et la confection anglaise, c'est de la camelote. » Eduard acheta toutes sortes de machines américaines : pour poinçonner les semelles, découper les talons, presser les semelles, perforer et clouer les talons ; il demanda à être formé à leur utilisation et rentra à Schönenwerd pour équiper la fabrique de chaussures et en faire la plus moderne d'Europe. Mais il se heurta à une difficulté majeure : les ouvriers ne partageaient pas son enthousiasme et se sentaient dégradés en devenant les larbins des machines. Eduard raconte que «les maîtres cordonniers avaient un comportement apathique, voire hostile face aux machines et aux méthodes de travail. Les difficultés apparurent surtout avec les ouvriers qui avaient été auparavant artisans cordonniers : ils se comportaient le plus maladroitement possible ou s'opposaient même intentionnellement à l'introduction des machines.»

Comme tous les ennemis de la mécanisation, les ouvriers de Bally furent bien obligés de s'habituer eux aussi aux machines. La production connut une croissance très rapide. Vers 1880, Bally employait 2500 personnes et la production annuelle atteignait 2,25 millions de paires de chaussures, exportées dans le monde entier. La maison mère de Schönenwerd avait des filiales à Genève, Montevideo, Buenos Aires, Paris et Londres, ainsi que des représentations à Hambourg, Vienne, Berlin, Beyrouth, Lisbonne, Barcelone, Marseille, Bucarest, Sofia, Smyrne, Constantinople, Alexandrie, Le Caire, Madrid et Bruxelles.

Mais plus les affaires prospéraient, plus les forces du patriarche déclinaient. Dans sa jeunesse déjà, il avait une santé délicate et était allé en cure à Flims ou en Thurgovie. Une maladie nerveuse vint s'y ajouter au fil des ans et lorsqu'en 1892, il eut définitivement remis l'entreprise aux mains de ses fils, à l'âge de soixante-et-onze ans, il sombra dans la mélancolie ; son journal, qu'il avait consciencieusement tenu toute sa vie, devient muet. La dernière inscription date du 20 décembre 1891 : «Par 7 degrés Celsius sous 0, ce sont les grandes eaux de l'Aar. Durant tout l'hiver, nous n'avons jamais eu un bas niveau d'eau.» Après la mort de sa femme Cecilie en 1895, ses jours s'assombrirent complètement et ses proches lui souhaitaient de pouvoir quitter ce monde en douceur.

Il mourut le 5 août 1899 à Bâle.

Julius Maggi

Julius Maggi,
1846-1912.
Copyright : Archives historiques Nestlé, Vevey.

Et si le monde devait l'invention du sachet de soupe à une histoire d'amour ? C'est du moins ce que laissent supposer quatre documents des archives cantonales zurichoises.

Le premier nous apprend que, le 5 mai 1839, la commune de Zurich-Affoltern accorde la citoyenneté à un immigré italien alors inconnu, nommé Michele Maggi.

Le deuxième indique que, le 24 mai 1839, Maggi achète pour 27 000 florins le moulin de Neumühle à Frauenfeld, avec scierie, battoir à chanvre et bâtiments d'exploitation.

Trois jours plus tard, le 27 mai 1839, Michele, désormais appelé Michael, épouse une certaine Sophie Esslinger, fille du député au Grand Conseil zurichois Johannes Esslinger, dont les ancêtres s'étaient enrichis en exportant des mouchoirs imprimés. Michael avait trente-et-un ans, Sophie vingt-huit.

Le quatrième document est un certificat de naissance. Le 6 octobre 1839, donc quatre mois après le mariage, la jeune femme donne naissance à une fillette, qui portera le nom d'Angela.

Comme la petite était robuste et en bonne santé, on peut supposer que la grossesse a bien duré neuf mois, et non quatre. Partant de là, on peut imaginer ce qui suit : Sophie Esslinger, qui avait déjà un petit garçon de trois ans nommé Eugen et avait divorcé quelques mois auparavant de son mari, Rudolf Hotz, mercenaire zurichois, atteint de maladie au service de France – Sophie, donc, avait nourri un sérieux soupçon mi-février 1839 déjà, soupçon qui devint une certitude à la fin du mois, sur quoi il devenait inévitable de se confesser à papa Esslinger. On peut alors penser qu'après avoir d'abord fulminé, le digne conseiller manifesta sa ferme volonté de punir le séducteur en lui imposant le mariage, ce à quoi Sophie répondit prudemment que malheureusement Michele était, d'une part, sans ressources et, d'autre part, qu'il n'était pas Suisse, mais qu'il avait une moustache fournie et qu'en plus, il était Italien; sur quoi le père s'effondra sur le siège le plus proche et après un long silence, déclara dans un grommellement qui en disait long qu'il «fallait voir». En tous les cas, Michele, qui prétendait être un étudiant en médecine nationaliste ayant dû fuir de Pavie devant les sbires hispano-autrichiens, réussit une transformation surprenante au cours des semaines suivantes. D'un seul coup il ne s'appelait plus Michele, mais Michael. Il n'était plus Italien, mais Suisse. Il n'était plus ni un crève-la-faim ni un étudiant en médecine raté, mais l'heureux propriétaire d'un moulin. Cependant il ne parlait alors pas un mot d'allemand.

Les choses se sont peut-être passées tout autrement. Michele n'était peut-être pas le père du bébé, mais on l'a persuadé, par des incitations financières, à faire comme s'il l'était. On peut aussi penser que c'était le grand amour entre Sophie et Michele et que le mariage n'était qu'une formalité. Et enfin, il est possible que le père Esslinger, loin d'être fâché, était au contraire content de son beau-fils, qui éventuellement, n'était pas un sans-le-sou; car on ne peut pas totalement exclure que les 27 000 florins provenaient non pas de son beau-père, mais d'un héritage paternel de Michele, comme l'ont prétendu quelques-uns de ses descendants. D'autres croyaient savoir que Michele avait gagné durement son capital de départ en travaillant dans des mines de fer des Grisons. Qui sait? Reste que, dans les archives de la Faculté de médecine de Pavie, un étudiant nommé Michele Maggi était effectivement inscrit et qu'en 1836, il préparait un doctorat sur les mécanismes d'action des médicaments (*Animadversiones in medicamentorum agenti modum*). Mais les autorités grisonnes n'ont

Julius Maggi

Affiche publicitaire, vers 1907.
Copyright : Archives historiques Nestlé, Vevey.

jamais inscrit dans leurs actes un mineur de ce nom et, étant donné le salaire courant d'un journalier ou d'un artisan à cette époque, un mineur aurait dû économiser pendant environ trois cents ans pour passer de 1 à 27 000 florins.

Peu importe.

En tous les cas, le mariage semble avoir été heureux. Comme Michael Maggi n'était pas fort en allemand et n'avait aucune idée de la meunerie, il remit celle-ci à son épouse, une femme protestante qui avait le sens des affaires ; il parlait français avec elle et sinon, se limitait aux tâches représentatives d'un entrepreneur. En quelques années, le couple donna naissance à trois filles – Julia, Sophie et Rosina – et c'est le 9 octobre 1846 que naquit Julius, avant-dernier enfant, l'héritier qui allait révolutionner les habitudes alimentaires du monde entier.

Il semble que Julius était appliqué et travailleur comme sa mère alémanique, mais aussi charmant et plein de joie de vivre comme son père lombard. Ses maîtres du lycée de Frauenfeld n'en venaient pas à bout, un éducateur privé de Winterthour pas davantage ; ses parents l'envoyèrent donc, pour trois ans, dans un internat à Yverdon, puis pour trois autres années encore en apprentissage dans la vénérable maison de commerce Stehelin à Bâle et enfin pour un stage de deux ans dans une minoterie ultramoderne à Budapest. Julius Maggi termina ses années d'apprentissage et de stage en 1869 et, à l'âge de vingt-trois ans, il prit la direction du moulin à marteaux de Kempttal que ses parents avaient acheté entre-temps.

Pendant des siècles, la meunerie avait été épargnée par les crises ; car tant que les gens mangent du pain, ils ont besoin de farine et tant que du grain est moissonné quelque part, il faut le moudre. Mais vers 1880, l'industrialisation précipita aussi cet artisanat dans une grave crise. Les nouveaux broyeurs à rouleaux étaient nettement plus efficaces que les anciennes meules de pierre et la concurrence étrangère faisait pression sur les meuniers suisses. Les rendements par quintal de farine plongèrent ; pour maintenir les revenus habituels, les meuniers auraient dû moudre beaucoup plus de farine – mais cela n'aurait été possible que si les gens avaient aussi mangé beaucoup plus de pain.

Face à cette situation, Julius Maggi comprit que s'il voulait gagner plus d'argent avec son moulin, ce n'était pas avec une plus grande quantité, mais uniquement avec une activité complémentaire, donc avec une plus grande valeur ajoutée. Il se mit à rechercher d'autres tâches et fit une découverte intéressante. À cette époque justement, un mouvement visant à améliorer l'alimentation des ouvriers faisait son apparition au sein de la bourgeoisie suisse. Lors de l'assemblée annuelle de la Société suisse d'utilité publique du 19 septembre 1882, Fridolin Schuler, médecin et inspecteur des fabriques glaronnais, déclarait « que très souvent ce n'est pas la pauvreté, mais la méconnaissance des gens quant à leur mauvaise alimentation qui est responsable du fait qu'ils ne savent pas cuisiner ni composer correctement leurs modestes repas et que les mères de famille, en particulier celles qui travaillent en usine, n'ont pas assez de temps pour bien préparer à manger et que c'est en grande partie de là que viennent les nombreuses maladies d'estomac de la classe ouvrière. » La société décida donc de commercialiser des repas préparés, sains et riches en protéines, basés sur des haricots, pois et lentilles. Est-ce la société qui s'adressa à Maggi ou l'inverse ? Nul ne le sait. En tous les cas, Julius se mit au travail. Il s'aperçut rapidement qu'il ne suffisait pas de nettoyer et de moudre simplement les légumineuses en apportant de la farine de céréale riche en gluten. Il chercha donc à transformer la farine de légume par des procédés chimiques et fit parvenir d'innombrables échantillons à Fridolin Schuler pour que lui-même et ses amis les testent quant à leur goût et leur digestibilité. Et comme il s'agissait d'une bonne œuvre, deux professeurs de chimie de Zurich et un physiologue de Bâle acceptèrent de l'assister. Une année se passa en expériences, puis une deuxième. Finalement, les personnes chargées de goûter les produits trouvèrent que l'aspect gustatif et la digestibilité de la farine de légumineuses répondaient peu à peu aux attentes, sur quoi, le 19 novembre 1884, la Société suisse d'utilité publique décida de prendre le patronage des légumineuses de Maggi pour trois ans. Elle se chargerait de distribuer la farine pour soupe à la population et Maggi fournirait sa marchandise à un prix fixe, le plus bas possible.

Affiche publicitaire, vers 1898.
Copyright : Archives historiques Nestlé, Vevey.

Julius Maggi savait que, malgré une aide philanthropique, une bonne qualité ne suffirait pas à imposer ses soupes sur le marché. Dès le début, il prenait une grande marge sur ses prix afin d'avoir assez d'argent pour la réclame et la publicité. Il invita des rédacteurs de journaux et des auteures de livres de cuisine à visiter ses installations et versa à l'occasion de l'argent pour que les produits Maggi soient mentionnés dans des livres de recettes. Il organisa des cours de cuisine et envoya gratuitement des recettes; il fit de la publicité dans des journaux et des revues. Il était si enthousiaste que ce n'est que grâce aux plus vives protestations de toute la famille, qu'on put le dissuader de baptiser sa troisième fille du nom de « Leguminosa ».

Dans les premières années, comme la « réclame » était si importante pour lui, il rédigea lui-même toutes les annonces et les prospectus. Mais lorsque cette tâche devint trop lourde, il engagea le jeune Frank Wedekind comme rédacteur publicitaire. Celui qui allait devenir un grand poète avait alors en effet des problèmes d'argent; il s'était fâché avec son père car, à Munich, il avait étudié l'histoire de l'art au lieu du droit. Maggi envoya le jeune homme en voyage de presse à Zurich, Leipzig, Dresde et Munich et celui-ci le remercia en composant des textes publicitaires comme celui-ci:

Père et fils
Père, oh mon père !
Je ne serai pas soldat
Parce que dans l'infanterie
On n'a pas de soupe Maggi.

Mon fils, oh mon fils !
Rejoins bien vite les troupes
Depuis longtemps on n'y mange aussi
Que des soupes de viande en conserve Maggi.

Mais le travail de rédacteur publicitaire était astreignant, humiliant et mal payé. Au bout de six mois, Wedekind se réconcilia avec son père et retourna, tout repentant, à ses études de droit à Munich.

Chez Maggi, malgré tous ses efforts, le succès peinait à s'installer. Les légumineuses se vendaient certes bien – mais c'étaient les riches qui les achetaient, et non les pauvres, c'étaient les cuisinières des maisons bourgeoises qui avaient le temps et le loisir d'expérimenter ce nouveau type d'aliment. Les femmes d'ouvriers, quant à elles, se méfiaient de ce nom étranger et se refusaient à introduire dans leurs soupes ce qu'elles ne parvenaient à prononcer sans difficultés; on peut aussi imaginer qu'elles trouvaient simplement les soupes Maggi trop fades. Car malgré sa passion de l'expérimentation, Julius Maggi n'avait pas encore réussi à créer quelque chose de vraiment nouveau; il avait juste broyé des haricots, des lentilles et des pois pour en faire une farine permettant de préparer des repas plus ou moins savoureux et sains en la faisant bouillir avec de l'eau.

Mais en 1886, il découvrit les extraits de bouillon qui allaient connaître une réputation mondiale sous le nom d'arôme Maggi. Il s'agissait d'une nouveauté dans l'industrie alimentaire qui n'avait plus rien à voir avec la meunerie. Julius Maggi nota la recette dans son livre de correspondances le 12 décembre 1886. Et comme elle n'a guère été modifiée jusqu'à nos jours et qu'elle est ultrasecrète, voici le peu que nous en savons: le condiment en poudre de Maggi s'obtient principalement par surpeptonisation de gluten de froment contenant le moins possible d'amidon et de dextrine, au moyen d'acide chlorhydrique chimiquement pur et en utilisant une surpression de vapeur, ce qui, avec l'adjonction de différents ingrédients, produit un goût proche de celui de la viande – le goût Maggi si typique qui, pendant des décennies, a été la spécificité de tous les aliments de Kempttal.

Les concurrents, Knorr et Liebig, supposaient méchamment qu'avec son condiment, Maggi voulait seulement améliorer le goût de ses soupes de légumineuses insipides – et ils avaient tout à fait raison. Grâce au condiment, les soupes Maggi avaient un goût très proche de celles faites maison et se vendaient nettement mieux. C'est ce qui explique que, dans les années 1890, les bâtiments de production se développèrent dans la campagne autour de Kempttal. En 1893, Maggi acheta dans les environs un petit domaine agricole de cinq hectares pour cultiver lui-même les légumes destinés à ses soupes. Un deuxième domaine, puis un troisième et un quatrième vinrent s'y ajouter, dont les propriétaires avaient tous quitté leurs terres pour entrer dans l'industrie. En 1900, Maggi, qui régnait sur plus de quatre cents hectares, était le plus grand propriétaire foncier privé de Suisse. En même temps, des fabriques Maggi indépendantes et des réseaux de vente voyaient le jour en France, en Allemagne, en Autriche et en Italie. Après ce succès, les contrefaçons ne tardèrent pas à apparaître. En 1897, la fabrique de conserves Schleich et Comerell, à Friedrichshafen, commercialisa un condiment sous le nom de « Gusto », presque aussi bon que l'original. Au bout de peu de temps, le propriétaire, Carl Schleich, se rendit compte que sa petite entreprise ne résisterait pas face à la publicité massive de Maggi. C'est ainsi qu'en 1902, le docteur en chimie rendit visite personnellement à Julius Maggi, à Kempttal, lui vendit sa fabrique et se fit engager comme directeur technique des fabriques Maggi. Le concurrent vaincu se révélera bientôt le plus fidèle allié de Maggi. Carl Schleich développa l'emballage automatique et construisit de nouvelles fabriques où cela s'avérait nécessaire. Mais surtout, il inventa en 1908 le cube de bouillon Maggi, qui devait connaître un succès commercial mondial pendant des décennies.

Un nouveau secteur s'ouvrit aux fabricants d'aliments comme Maggi, Knorr et Liebig, lorsque l'industrie européenne introduisit la restauration collective de ses ouvriers dans des cantines internes. Un autre commerce, très lucratif, se présenta : la fabrication de repas préparés pour les impressionnantes armées qui commençaient à s'équiper en prévision de la Première Guerre mondiale. Jusqu'à la fin du XIXe siècle, l'habitude voulait que les soldats pourvoient eux-mêmes à leur nourriture en prélevant sur leur maigre solde. Ce n'était désormais plus possible avec de grandes armées mécanisées. Et comme, grâce au chemin de fer, les troupes se déplaçaient toujours plus rapidement, il n'était plus envisageable de les suivre avec d'immenses troupeaux d'animaux de boucherie. Les militaires s'intéressaient donc vivement à des conserves de viande, des soupes nourrissantes et des extrais de viande – ce que Knorr, Maggi et Liebig leur fournissaient très volontiers.

Jusqu'à son cinquantième anniversaire, et même au-delà, Julius Maggi resta svelte comme un jeune homme et conserva une vigueur hors du commun. Cavalier passionné et grand nageur au sein du Limmatklub de Zurich, il était aussi membre du club alpin. Avec ses employés, il créa un club cycliste et un club d'échecs; il fut l'un des premiers conducteurs de moto et de voiture – et surtout il travaillait du matin au soir dans la fabrique de Kempttal, où il passait souvent la nuit, seul ou avec quelques ouvriers. Il ne dormait que trois ou quatre heures par nuit et estimait, de manière originale, que l'on pouvait compenser le manque de sommeil par un apport de nourriture supplémentaire.

Lorsqu'en juin 1900, l'Exposition universelle de Paris ouvrit ses portes, Maggi, accompagné de son épouse et de ses quatre enfants adolescents emménagèrent pour cinq mois dans un hôtel particulier situé boulevard Voltaire. Les Maggi avaient à leur disposition des serviteurs en livrée, une calèche à quatre chevaux, un yacht à vapeur à l'embouchure de la Seine pourvu d'un équipage permanent de trois personnes, baptisé *Maggi I*. Lorsque Louise et les enfants rentrèrent à Zurich en novembre, Julius resta seul dans la Ville lumière – officiellement pour dynamiser la filiale française de Maggi, en difficulté. Ce qu'il fit – mais pas uniquement. Ce qui est sûr, c'est qu'il se faisait désormais appeler Jules et qu'il entretint une longue liaison avec une ancienne actrice du Théâtre-Français, Mme Rouyer, qui lui coûta une petite fortune. Car entre elle et lui, qui avait largement dépassé la cinquantaine et avait tendance à prendre du poids et à s'essouffler, survinrent de terribles drames et tragédies, qui ne prirent fin que lorsqu'il lui versa une rente mensuelle et lui créa un compte d'épargne nanti de 48 000 francs.

Son épouse Louise, à Zurich, avait-elle connaissance de tous ces événements? Nul ne le sait. Dans les centaines de lettres échangées durant la période parisienne, on ne trouve aucune trace d'un différend quelconque, et Mme Rouyer n'est jamais mentionnée. Les époux s'écrivaient toujours en s'appelant *Liebste* et *Liebster*[2], évoquaient les grands et petits soucis du ménage, les mariages de leurs filles, les mauvais résultats scolaires

---

[2] «Très chère», «Très cher».

de leur héritier Harry, ainsi que les plans pour un caveau de famille à Kempttal; ils terminaient leurs lettres en se saluant et s'embrassant *herzlichst*[3]. Jules ne dit pas un seul mot des plans qu'il avait fait dessiner pour une villa de vacances prestigieuse de style mauresque en Tunisie; pas un mot non plus des vacances à Biarritz ni des yachts *Maggi II, Maggi III* et *Maggi IV*, amarrés dans le port de Harfleur.

Louise ne se doutait-elle vraiment de rien ou s'est-elle sagement résignée devant l'inévitable? Mystère. Une seule fois, vers 1907, elle inscrivit dans son album de poésie une réflexion très révélatrice: «Lequel des deux est le plus triste: perdre un être aimé pour la mort ou pour la vie?»[4]

Peu à peu, Julius Maggi dut aussi payer un lourd tribut à la vie. Sa santé déclinait et il dut se faire opérer de l'appendicite. Pour la première fois de sa vie, en janvier 1911, il prit congé pour aller se reposer. En été 1912, les directeurs de Maggi à Paris remarquèrent que leur patron avait des absences pendant les séances. Lundi 5 août, il apparut très somnolent. Mardi, il ne parvenait qu'avec peine à suivre la discussion. Mercredi, les directeurs envoyèrent un télégramme au médecin personnel de Maggi à Zurich pour lui demander de venir. Lorsque celui-ci arriva à Paris, jeudi, Julius Maggi n'avait plus les idées très claires et s'affaiblissait d'heure en heure. Dimanche, on le conduisit dans un sanatorium chic de Neuilly, où ses enfants vinrent lui rendre visite trois jours plus tard. Il reconnut encore ses trois filles, Alice, Lucy et Betty, lorsqu'elles s'approchèrent de son lit le matin, mais déjà plus son fils Harry, qui n'arriva que l'après-midi. Les médecins ne laissèrent que peu d'espoir à la famille. Certains supposaient qu'il s'agissait d'une attaque de diabète, d'autres pensaient que son cerveau était atteint. Julius Maggi ne se réveilla jamais de sa somnolence. Au bout de deux mois, on le transporta dans un sanatorium de Küsnacht, où il mourut le 19 octobre 1912, à trois heures et quart du matin, deux jours après son soixante-sixième anniversaire. Sa femme Louise écrivit

---

[3] «Affectueusement».
[4] En français dans le texte.

dans son carnet : « Il reposait là, entouré de fleurs et veillé fidèlement par son serviteur Gert, dans sa chambre de malade, où je venais le voir plusieurs fois par jour, jusqu'au jour de l'enterrement où, en compagnie de Betty, Lucy, Alice et Harry, je pris congé de lui pour la dernière fois, à cinq heures du matin. »

Antoine Le Coultre

Antoine Le Coultre, 1801-1881.
Copyright : Jaeger-LeCoultre Heritage.

Les hivers sont longs et rudes à la vallée de Joux, entre Genève et Neuchâtel. Durant des siècles, les paysans avaient trouvé une occupation pour passer le temps pendant les périodes d'inactivité : installés chez eux devant la fenêtre de la « chambre », avec des outils très simples, ils découpaient des roues dentées, peignaient des chiffres sur des cadrans et assemblaient des mouvements entiers. Et comme la neige s'accumulait et que le printemps était encore bien lointain, ils n'étaient pas pressés de terminer leurs montres. Avec une patience et un soin infinis, ces fiers artisans-artistes inventaient des mécanismes toujours plus beaux, plus compliqués, plus précis ; lorsque la neige commençait à fondre, au printemps, ils glissaient leurs précieux objets dans leur sac à dos, empruntaient en charrette le chemin cahoteux du col du Marchairuz pour descendre vers Genève, où ils les vendaient pièce par pièce aux horlogers de renommée mondiale.

Dans leur haute vallée isolée, les artisans à domicile se souciaient peu de ce qui se passait dans le vaste monde. Certes, les prix baissaient ou augmentaient de temps en temps, lorsque l'Europe entrait en guerre, que Napoléon interdisait le commerce avec l'Angleterre ou que la famine régnait à la suite de récoltes catastrophiques. Mais les belles montres du Jura trouvaient toujours preneurs ; le peu d'acier et de laiton nécessaire à la fabrication n'était pas très cher et relativement facile à se procurer. Il n'y avait guère de concurrence, même de la part de la production industrielle qui touchait peu à peu tous les autres secteurs. Car il semblait tout à fait inimaginable qu'une machine malhabile puisse travailler de façon aussi précise et artistique que les horlogers de la vallée de Joux. Les choses continuèrent ainsi jusqu'au jour où le jeune Antoine Le Coultre, du Sentier, se fâcha définitivement avec son père, au printemps 1833. Il quitta la forge de ses ancêtres et inventa des machines – des machines qui devaient fabriquer les montres les plus belles, les plus robustes et les plus durables du monde.

Les Le Coultre étaient des huguenots. Ils faisaient partie des milliers de réfugiés protestants qui, fuyant la France catholique dès le milieu du XVIe siècle, étaient arrivés à Genève et y avaient apporté le métier d'horloger. Ils avaient acheté un grand terrain forestier à l'extrémité sud-ouest du lac de Joux, et, après l'avoir défriché, avaient vécu pauvrement et modestement comme paysans, éleveurs et forestiers. À côté de ces activités, la famille possédait une forge dans laquelle elle fabriquait des haches, des pioches et des marteaux et où elle ferrait les chevaux. Des instruments plus fins vinrent s'y ajouter, comme des couteaux, des scies et des lames de rasoir. On ignore en quelle année la famille Le Coultre commença à fabriquer des montres. Le premier témoignage écrit date du 20 juin 1795, lorsque le maître horloger Abraham Joseph Le Coultre, grand-père du créateur de l'entreprise, signa un contrat avec deux apprentis. L'année suivante déjà, une nouvelle source de revenus se présenta, lorsque l'horloger genevois Antoine Favre inventa la boîte à musique. Les Le Coultre fournirent désormais à Genève les peignes (claviers) en acier qui faisaient tinter les boîtes à musique.

C'est à cette époque, où la mécanique devenait de plus en plus fine, que le jeune Antoine Le Coultre fit ses premiers essais dans la forge de ses ancêtres. Dès le premier jour, il se révéla un ouvrier patient, persévérant, à la main précise et calme, avec un sens intuitif des lois de la métallurgie et de la mécanique. À onze ans, il fabriquait des petites lames de couteaux et des canifs ; à

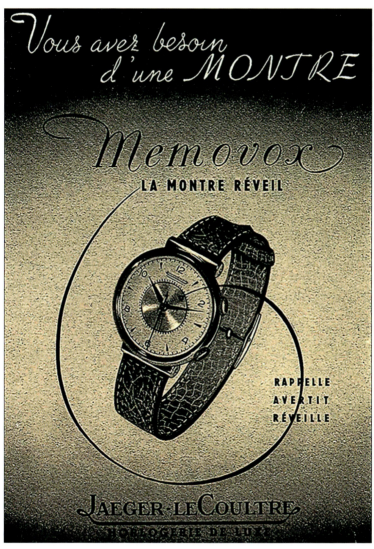

Annonce, 1952.
Copyright : Jaeger-LeCoultre Heritage.

seize ans, des claviers pour les boîtes à musique. Il apprenait vite et n'oubliait rien, et comme il n'accepta bientôt plus aucun conseil, il entra en conflit avec son maître d'apprentissage, qui n'était autre que son père. À dix-neuf ans, il gérait sa propre comptabilité, indépendante de celle de son père, mais continuait à travailler dans la forge paternelle. À vingt-deux ans, il engagea deux ouvriers qui fraisaient pour lui des claviers en acier alors que lui-même essayait de trouver de nouveaux procédés. Il développa sa propre méthode pour durcir l'acier et inventa des fraises et des perceuses qui travaillaient plus finement que tous les outils connus jusque-là. Les claviers en acier d'Antoine Le Coultre furent bientôt largement connus pour leur précision et leur résistance ; dès 1827, il fournissait à Genève non seulement des claviers, mais aussi des centaines de fraises.

Mais à cette époque, les premières fabriques de boîtes à musique firent leur apparition ; les prix des claviers en acier s'effondrèrent, les commandes s'espacèrent. Antoine quitta donc la vallée de Joux à l'automne 1828 pour rechercher, pendant l'hiver, de nouvelles sources de revenu à Genève. Il fit un stage d'observation chez son oncle François Le Coultre, horloger, suivit des cours de mathématiques, physique et chimie à l'école d'horlogerie – et parvint à la conclusion que la qualité d'une montre dépendait surtout de celle de ses pignons. Il décida d'inventer une machine capable de découper, en quantités importantes, des pignons d'excellente qualité, avec des dents rigoureusement égales, car jusque-là, les horlogers les avaient taillés pièce par pièce à vue d'œil pour ensuite les limer, afin d'obtenir la forme désirée. Mais malgré toute la dextérité des artisans, ces pignons n'avaient jamais la forme précise et correcte, sans compter que l'acier restait souple et le durcissement insuffisant.

Au printemps 1829, Antoine rentra chez lui et, dans la forge de son père, se mit à la tâche qu'il s'était lui-même assignée. La nuit, il perfectionnait sa machine ; la journée, pour gagner sa vie, il fabriquait des lames de rasoir en utilisant de l'acier anglais Huntsman, alors le meilleur. Le 28 juillet 1831 – un jeudi de congé –, il épousa une cousine éloignée, Zélie, qui allait lui donner rapidement huit enfants. Une année plus tard, il était parvenu à son objectif : une fraise qui, en une seule séquence et à partir de l'acier plein, découpait des pignons parfaitement formés. Les pignons de Le Coultre atteignaient une perfection que le monde n'avait encore jamais vue. Les professionnels étaient enthousiastes. Mais le père d'Antoine fit savoir à son fils qu'il devait laisser tomber sa trouvaille et penser à gagner de l'argent. Il laissait entendre au junior qu'il avait la folie des grandeurs et lui reprochait de conduire toute la famille à la ruine avec ses recherches coûteuses. Quant à Antoine, il restait l'inventeur obsédé qu'il avait toujours été. Il ne pouvait faire autrement que de continuer à bricoler ses machines. Pendant la journée, il voulait bien se mettre au service de son père, de sa famille et de sa femme, mais durant les longues heures nocturnes, il s'acharnait à travailler sur ses machines comme il l'entendait. Cependant, comme aussi bien le père que le fils étaient têtus et peu communicatifs, comme beaucoup d'habitants de cette haute vallée du Jura, la rupture était inévitable. Elle survint en automne 1833 : le jeune homme quitta son père dans un accès de colère, claqua la porte de la forge – et installa son propre atelier avec six ouvriers au premier étage de la maison paternelle.

Antoine était enfin son propre seigneur et maître, mais sans bénéficier du soutien de sa famille, lui qui était certes un artisan doué, mais un piètre commerçant. Il proposa à son frère Ulysse, qui avait dix ans de moins que lui, de quitter l'atelier du père et de travailler avec lui. Au cours des premières années, les affaires se développèrent à merveille. Les manufactures de montres proches et lointaines achetaient aux frères Le Coultre autant de pignons qu'ils pouvaient fabriquer, et au prix exigé. Mais pour Antoine, il était évident qu'à la longue, il ne se satisferait pas de produire des engrenages pour des montres qui n'étaient pas les siennes. Il voulait confectionner le balancier, l'échappement et le boîtier, et naturellement pour terminer, assembler lui-même le tout et apposer sa signature sur le cadran.

Au bout de quatre ans, Antoine et Ulysse avaient gagné assez d'argent pour faire construire près de la demeure paternelle une vaste maison d'habitation avec atelier, en payant le tout comptant. Dès le début, au sein du jeune foyer, les rôles avaient été clairement répartis. Antoine était le patron sévère, Ulysse le petit frère docile et travailleur ; Zélie, la femme d'Antoine, était la maîtresse de maison incontestée. Mais Ulysse décida que le temps était venu pour lui aussi de se marier. L'heureuse élue

Annonce, 1945.
Copyright : Jaeger-LeCoultre Heritage.

s'appelait Nicole. Si l'on en croit la chronique familiale, elle avait l'apparence d'un ange ; mais pour ce qui est de son caractère, elle semble avoir été tout aussi obstinée et difficile que tous les autres membres de la famille. En tous les cas, entre les deux femmes, obligées de cohabiter jour et nuit sous le même toit, s'installa un conflit de préséance interminable dans lequel l'une se sentait constamment désavantagée par rapport à l'autre, où les deux s'agaçaient et se harcelaient par des remarques mordantes. Dans cette atmosphère conflictuelle, les deux frères ne parvenaient pas non plus à vivre en paix. Ils s'évitaient le plus possible et lorsqu'une discussion d'affaires au bureau s'avérait indispensable, ils se montraient brusques et désobligeants. Le fils d'Antoine, Élie, qui avait passé une grande partie de son enfance à la fabrique, se rappelait, des décennies plus tard, en rédigeant ses mémoires, à quel point l'hostilité entre son père et son oncle lui avait pesé.

Cependant, les affaires continuaient à prospérer. Ulysse s'occupait habilement de la production et de la vente ; Antoine inventait. Les engrenages furent bientôt usinés de façon si exacte que les éventuelles irrégularités n'étaient plus mesurables avec les instruments existants. Pour pouvoir encore s'améliorer, Antoine avait besoin d'un instrument de mesure plus précis. Il développa donc le «millionomètre». Cet appareil permettait à l'humanité, pour la première fois, de mesurer dans la pratique un millième de millimètre et introduisait dans l'horlogerie un nouveau standard de précision. Deux ans plus tard, il inventait le poussoir à couronne avec bascule qui permettait de se passer de la petite clé de remontage, souvent égarée. Antoine construisit également une machine pour la fabrication de l'échappement, une autre pour celle du balancier et une pour le boîtier – jusqu'à ce qu'enfin, vers 1847, il fut capable de fabriquer mécaniquement toutes les pièces d'une montre.

Mais en 1849, alors qu'il était justement tout près d'atteindre son grand objectif, les deux frères mirent fin à leur guerre domestique en partant chacun de leur côté. Ulysse, habile en affaires, reprit la très rentable production des pignons ainsi que les ouvriers ; Antoine, l'individualiste, resta seul avec les dettes et ses machines. Pendant deux ans, il travailla complètement seul à la montre qu'il avait en vue – la première Le Coultre réalisée entièrement avec ses machines. Lorsque le 1er mai 1851, la première exposition universelle ouvrit ses portes à Londres, il prit une décision. Lui qui, à quarante-huit ans, ne s'était jamais, de toute sa vie, éloigné de plus d'un jour de marche de la vallée de Joux, empaqueta ses montres, se fit établir, le 23 juin, un passeport de voyage à la chancellerie cantonale à Lausanne, et partit pour Londres afin de présenter ses montres au monde entier.

Le monde s'étonna et remit une médaille d'or à l'homme des montagnes. Le jury releva la qualité des pignons, fit l'éloge du poussoir à couronne et apprécia le principe de Le Coultre, selon lequel on utilisait toujours des éléments de dimension standardisée, de sorte qu'en cas de problème, des pièces de rechange étaient disponibles en tout temps. Antoine rentra chez lui, bien décidé à se mettre immédiatement à la fabrication en série. Il engagea quelques horlogers de Genève – mais, sans le savoir, il ouvrait ainsi la voie, pour la troisième fois, à son malheur familial et commercial. En effet, l'un des ouvriers, Jean Gallay, qui avait trente ans, tomba amoureux de sa fille Augustine, âgée de dix-neuf ans, et l'épousa en mai 1853. Le patron était probablement content d'avoir à nouveau un parent dans l'atelier, auquel il pouvait confier les affaires financières. Il fit de son gendre un partenaire avec droits égaux, sur quoi celui-ci repartit à Genève avec sa jeune épouse et installa le siège de l'entreprise à la très chic rue du Mont-Blanc, sous le nom de «Antoine Le Coultre & Fils». Dès lors, Antoine n'était plus que fournisseur, alors que le beau-fils employait des comptables, des garçons de course, des représentants de commerce ainsi que de nombreux ouvriers pour le montage final; et il expédiait des montres à Paris et en Amérique. Mais il devint évident qu'il n'était pas plus apte aux affaires que son beau-père. L'atelier de Jean Gallay à Genève engloutissait plus d'argent qu'il n'en rapportait; et comme au Jura, les ouvriers d'Antoine coûtaient trop cher et produisaient trop peu, la jeune entreprise se trouva bientôt endettée auprès des banques et des fournisseurs. Lorsqu'en plus, un important client des États-Unis suspendit ses paiements, les factures impayées, les commandements de payer et les poursuites commencèrent à s'accumuler. Un huissier se présenta au printemps 1858; c'en était fini de l'entreprise. Pour éviter la faillite, Antoine dut se défaire de tous ses biens, y compris sa propre montre de poche en or. Le moment le plus amer arriva en juillet 1860:

pour payer les derniers chèques de son beau-fils, il dut vendre le domaine familial, qui avait appartenu depuis plusieurs siècles aux pionniers – et le vendre justement à son jeune frère Ulysse dont il s'était séparé en mauvais termes. À cinquante-sept ans, Antoine était ruiné pour la troisième fois. Tout ce qui lui restait, c'étaient ses machines bien-aimées et les cent ouvriers auxquels il ne pouvait plus payer de salaire.

Malgré cela, il continua imperturbablement à améliorer ses machines. À un âge où d'autres auraient songé à la retraite, il chercha de l'aide, pour la quatrième fois, en vue d'un nouveau départ – cette fois enfin en dehors de la famille, auprès de personnes qui s'y connaissaient un peu en affaires. En effet, il y avait dans le Jura et dans la région du Léman des industriels prospères qui avaient pitié de cet entrepreneur, constructeur génial mais homme d'affaires malheureux. L'entreprise Le Coultre fut créée pour la quatrième fois le 20 octobre 1860 à l'Hôtel de Londres à Yverdon, cette fois sous forme de société en commandite. Les actionnaires contribuèrent avec l'argent nécessaire, Antoine avec ses machines, pour lesquelles il reçut 62 actions sur les 142 émises et le poste de directeur technique. Il dut confier la responsabilité des finances à un commerçant expérimenté, qui devait en revanche rendre compte tous les deux ou trois jours de la marche des affaires au conseil de surveillance.

Ce fut le début de l'âge d'or d'Antoine Le Coultre. Débarrassé de toute responsabilité commerciale, il inventa à la vallée de Joux un laminoir capable de canneler les couvercles de boîtiers. Il réfléchissait aussi à un mécanisme qui permettrait non seulement de remonter la montre au moyen de la couronne, mais aussi de la régler. Au début, les affaires progressèrent lentement : il fallait d'abord solder les anciennes dettes, trouver de nouveaux débouchés et réduire les frais inutiles. C'est à ce moment que s'établit la domination de l'horlogerie suisse sur le marché mondial, qui devait persister pendant une centaine d'années, et la demande pour les pièces de précision de Le Coultre explosa. En 1867, la fabrique fut agrandie et une première machine à vapeur installée. Chauffée avec de la tourbe locale, elle atteignait une puissance de trois chevaux-vapeur. Les trois fils d'Antoine, Élie,

Paul et Benjamin, entrèrent successivement dans l'entreprise et firent preuve non seulement d'un excellent sens de la mécanique, mais aussi d'un bon flair pour le commerce. Tous trois gagnèrent rapidement beaucoup d'argent et rachetèrent ainsi peu à peu, judicieusement, les actions de leur propre entreprise ; il fallut dix-sept ans pour que la firme appartienne à nouveau entièrement à la famille.

Quant au fondateur, il se retira de la direction en 1877 à l'âge de soixante-quatorze ans, pour se consacrer exclusivement, dans ses vieux jours, à son occupation préférée – l'invention de machines. Dans ses mémoires, son épouse Zélie raconte : « Il sacrifiait toutes ses soirées en hiver et quelques autres aussi au développement de fraises pour les pignons. Naturellement, il avait déjà fait de telles fraises auparavant, mais il voulait fabriquer des pignons encore beaucoup plus petits. Il réussit effectivement à construire une machine spéciale, mais elle travaillait trop lentement. C'est incroyable de voir avec quelle patience et quelle assiduité il travaillait, et finalement il parvint au but. Mais les efforts étaient trop grands pour son âge – il eut une attaque d'apoplexie. Mon époux bien-aimé me fut repris le 26 avril 1881, à l'âge de 78 ans et 10 jours. »

Henri Nestlé

Henri Nestlé,
1814-1890.
Copyright : Archives historiques Nestlé, Vevey.

Plus les années passaient, plus l'amour pour les enfants grandissait chez Clementine, l'épouse d'Henri Nestlé, alors qu'elle-même n'avait pas eu le bonheur d'enfanter. Pour lui apporter son soutien dans la lutte contre la mortalité infantile qui ne cessait d'augmenter, Henri inventa en 1867, à Vevey, la *Farine lactée pour nourrissons,* et créa par la suite la plus grande entreprise agroalimentaire du monde.

Il avait déjà cinquante-trois ans et, derrière lui, une longue carrière modérément réussie d'inventeur et d'homme d'affaires, lorsqu'il réussit son coup de maître. Il était né à Francfort-sur-le-Main le 10 août 1814, onzième enfant d'une fratrie de quatorze, peu après la dernière guerre napoléonienne. Son père était un riche maître et marchand verrier. Cinq de ses frères et sœurs étaient déjà morts avant sa naissance – ce qui explique aussi peut-être pourquoi il se consacrera à la production d'une alimentation saine pour les enfants.

Peu après son quinzième anniversaire, Henri, qui s'appelait encore Heinrich et dont le nom de famille ne portait pas encore d'accent aigu, commença un apprentissage de pharmacien à la pharmacie Brücken de Francfort. Il passa les quatre années suivantes à sécher, broyer, peser, mélanger, cuire, filtrer, liquéfier et distiller des herbes, des os et des essences.

Les années 1830 furent une période d'essor dans toute l'Europe et à Francfort également : l'industrialisation progressait à grands pas, la bourgeoisie prenait conscience de son pouvoir, de larges cercles exigeaient un retour aux acquis bourgeois de la Révolution française, à la liberté de commerce, d'industrie, d'établissement et de presse. Ce nouvel état d'esprit ne s'installa pas seulement dans la tête des gens, mais il fit aussi clairement son apparition dans la vieille ville de Francfort. Le jeune Heinrich Nestle observait comment les fontaines médiévales étaient remplacées par des conduites d'eau modernes et comment les ruelles, autrefois sombres, étaient brillamment éclairées par des lampes à gaz.

Mais ces années furent aussi une période d'oppression croissante. Le prince Metternich combattit tous les mouvements libéraux, interdit les sociétés d'étudiants de la jeunesse bourgeoise, introduisit une censure préventive de la presse et fit emprisonner les opposants. À Francfort, des insurgés distribuaient des tracts ; des révoltes et des altercations avec la police éclatèrent et le 3 avril 1833, de jeunes bourgeois occupèrent le Parlement fédéral.

On ignore si Heinrich y participa. Ce qui est sûr, c'est que peu après, alors que l'armée rétablissait l'ordre public d'une main de fer, il entama ses années d'apprentissage et de découverte. Ses pas le conduisirent bientôt en Suisse, pays républicain et antiroyaliste. En novembre 1839, à vingt-cinq ans, il s'installa à Vevey, sur les rives du Léman, trouva un emploi d'aide chez le pharmacien Marc Nicollier, et s'appela désormais non plus Heinrich Nestle, mais Henri Nestlé. Il apprit à parler parfaitement le français et noua des amitiés avec les principaux acteurs du commerce local. Au bout de quatre ans, alors qu'il n'avait pas encore trente ans, il acheta une petite fabrique, grâce à un emprunt, et devint indépendant.

À cette époque, il ne pensait pas encore à des aliments pour enfants. Il exploitait le moulin hydraulique à huile de colza et de noix, que ses prédécesseurs avaient aménagé, ainsi qu'un pilon à os pour la production d'engrais à base de farine d'os et une scierie, dans laquelle il transformait les troncs en bois

Affiche publicitaire, vers 1897.
Copyright : Archives historiques Nestlé, Vevey.

de construction. À côté de cela, il produisait de l'eau-de-vie par distillation, ainsi que du vinaigre. Et comme tout cela ne suffisait pas à couvrir ses besoins et les intérêts de la dette, il fit installer une conduite d'eau près de la fabrique en vue de remplir des bouteilles d'eau minérale, et d'enrichir celle-ci de gaz carbonique et d'édulcorant. Pour autant qu'on le sache, Henri Nestlé a été le premier producteur commercial de limonade en Suisse. Mais ce n'était pas encore assez : lorsque la ville de Vevey lança l'idée d'introduire un éclairage des rues avec des lampes à gaz, il postula pour un contrat de fourniture de gaz, qu'il voulait produire à partir d'huile et d'os, et obtint l'adjudication.

Huile, engrais, eau-de-vie, vinaigre, limonade, bois, gaz – c'était une palette de produits considérable pour un jeune entrepreneur travaillant la plupart du temps seul. Malgré cela ou justement à cause de cela, il ne gagnait pas particulièrement beaucoup d'argent ; car avec une telle diversité, une production rationnelle n'était pas possible et il ne lui restait pas assez de temps pour la vente. Au cours de ses vingt premières années d'entrepreneur, Nestlé gagnait certes plus qu'un instituteur mais moins qu'un pharmacien.

Toutefois, au fil des ans, il réussit si bien à stabiliser sa situation financière qu'il put songer au mariage. À l'âge respectable de quarante-six ans, il conduisit devant l'autel la jeune Clementine Ehemant, de Francfort, fille de médecin, qui avait dix-neuf ans de moins que lui. En mai 1860, le couple emménageait dans une maison située sur le terrain de la fabrique. Clementine était une femme au visage fin et au regard mélancolique, qui jouait très bien du piano, se nourrissait principalement de petites soupes légères et qui, à cause de ses yeux sensibles, ne pouvait ni lire, ni écrire, ni entretenir des relations sociales pendant des semaines entières. Mais ce qui la faisait le plus souffrir, c'était d'être privée du bonheur d'avoir des enfants, si ardemment désirés. Après la nuit de noces, les mois succédèrent aux mois, puis les années aux années, sans heureux événement. Finalement, elle se prit d'une affection excessive pour les enfants d'amis, de connaissances et d'employés de la fabrique. Elle s'intéressait au développement des « chers petits enfants », organisait des fêtes de Noël et envoyait chercher le médecin lorsqu'un « cher enfant » était malade.

Mais son exaltation de grande bourgeoise n'empêchait pas Clementine d'avoir un regard lucide sur la misère dans laquelle grandissaient la plupart des enfants ; son père, catholique, médecin des pauvres à Francfort, avait lutté en vain pendant des années pour une meilleure santé des démunis. Elle avait réalisé, en le vivant de près, que les bienfaits des temps modernes ne profitaient pas à tous. En Europe, la mortalité infantile avait nettement augmenté au XIXe siècle, conséquence directe de l'urbanisation et de l'industrialisation ; par centaines de milliers, les gens avaient quitté leurs fermes, non rentables, pour trimer dans des fabriques, douze, quatorze ou seize heures par jour, afin de survivre. Ils logeaient à l'étroit dans des cités-casernes, dont les conditions d'hygiène défiaient toute description, et comme les mères – tout comme les pères – étaient obligées d'aller travailler à l'usine, elles n'avaient pas le temps d'allaiter leurs nourrissons ni de préparer des repas sains pour leurs enfants plus âgés. À cela s'ajoutait le fait que, dans les cercles aisés, l'allaitement fut tout à coup considéré comme peu élégant, raison pour laquelle des femmes riches engagèrent volontiers comme nourrices des paysannes ou des ouvrières – qui, elles, furent contraintes de mettre leurs propres enfants à l'asile. La plupart d'entre eux y mouraient en raison d'une alimentation peu équilibrée ou d'une eau contaminée. À Munich, en 1870, quatre-vingt-cinq pour cent de tous les bébés morts au cours de leur première année de vie étaient des enfants non allaités. En 1865, dans un foyer pour enfants de New York, la mortalité était de quatre-vingt-cinq pour cent – et les seuls qui survécurent furent ceux qui avaient pu quitter le foyer grâce à une adoption.

Des médecins et des pharmaciens avaient déjà pris conscience de cette situation catastrophique plusieurs décennies avant Nestlé, et élaboré des programmes pour une alimentation équilibrée des jeunes enfants. Ils étaient arrivés assez rapidement à un consensus sur les ingrédients que devrait contenir une bouillie pour enfants saine : du lait de vache de première qualité, de la farine de céréales ainsi que du malt ou du bicarbonate de potassium pour faciliter la digestion.

Au milieu du XIXe siècle, ces idées, encore valables aujourd'hui pour l'essentiel, étaient connues d'un large cercle de médecins et de directeurs d'institutions. Le problème venait de

Affiche publicitaire, fin des années 1920.
Copyright : Archives historiques Nestlé, Vevey.

ce qu'il était difficile de se procurer les ingrédients recommandés, que ceux-ci étaient chers, souvent de mauvaise qualité et contaminés par des bactéries.

Tout cela, Clementine Nestlé le savait aussi. Elle était bien décidée à attaquer le mal à la racine, à savoir l'alimentation. À un moment ou un autre, au cours des premières années de mariage, elle a probablement signalé à son Henri qu'il n'existait sur le marché mondial aucun aliment pour enfants de première qualité et facile à préparer; et lui, certainement, s'est rendu compte, dès le début, des formidables possibilités de gain qu'offrait ce créneau.

Nul ne sait pendant combien de temps Henri Nestlé travailla à ce projet. Ce qui est sûr, c'est qu'en été 1867, il trouva un procédé répondant à ses hautes exigences: il se mit à mélanger le meilleur lait d'alpage vaudois avec du sucre et à le faire bouillir à cinq cents degrés dans une cuve en cuivre hermétiquement fermée. Il retira la vapeur et l'air de l'intérieur de la cuve jusqu'à ce que le lait sucré présente la consistance du miel. En même temps, il confectionna à partir d'eau et de farine de blé une sorte de pain semblable à une biscotte, qu'il réduisit en poudre et incorpora au lait épaissi. La pâte ainsi obtenue était alors séchée, moulue, tamisée et enrichie de bicarbonate de potassium. Pour finir, la farine lactée était versée dans des boîtes en carton munies d'une étiquette; le tout était alors emballé dans des caisses de cinquante boîtes prêtes à l'envoi.

Nestlé laissa immédiatement tomber l'ensemble des autres branches de son activité et misa tout sur la farine lactée. Pendant les dix premiers mois, Henri et Clementine assurèrent seuls la production, de l'achat des matières premières jusqu'à l'expédition de la marchandise, aidés uniquement par un neveu qui était venu de Francfort. Deux à trois douzaines de boîtes quittaient chaque jour la fabrique.

Henri Nestlé était persuadé d'avoir trouvé le meilleur produit possible. La difficulté était de le faire connaître. Le hasard lui vint alors en aide lorsqu'en automne 1867, il fut appelé auprès d'un bébé malade. « À la suite d'une grave maladie de sa mère, le petit Wanner vint au monde un mois trop tôt, se souvint-il plus tard. Cet enfant chétif n'acceptait ni le lait maternel, ni aucune autre nourriture. On avait déjà abandonné tout espoir lorsque mon ami, le professeur Schnetzler, m'exposa le cas et me demanda de faire un essai avec ma farine pour enfants. » Nestlé prit le risque de nourrir le petit avec son produit – sur quoi celui-ci se remit à merveille en peu de temps. « Jusqu'à maintenant, il n'a encore

Affiche publicitaire, fin des années 1930.
Copyright : Archives historiques Nestlé, Vevey.

jamais été malade et est aujourd'hui un robuste garçonnet de sept mois, qui se lève déjà tout seul dans son berceau. »

Ce succès s'ébruita dans la région lémanique. De plus en plus souvent, des mères désespérées commandaient la farine lactée de

Nestlé pour leurs nourrissons ; de plus en plus loin, des sages-femmes et des médecins passaient commande pour quelques boîtes à l'essai. Nestlé se rendait compte que la faible production familiale à petite échelle n'avait pas d'avenir. Il rêvait d'une « fabrique colossale » et de débouchés mondiaux. Il commanda de nouvelles machines et organisa l'exportation dans le monde entier. À partir des armoiries familiales de ses ancêtres souabes (*Näschtle* = petit nid), il créa le logo de Nestlé, qui aujourd'hui encore, décore un grand nombre de produits de la firme : un nid d'oiseaux avec une mère oiselle qui nourrit ses petits.

Au dire de Nestlé, les commandes déferlèrent sur lui « comme des avalanches ». En 1868, il produisit 8600 boîtes ; en 1874, 670 000 déjà et une année plus tard, plus d'un million. En quelques années, la marque au nid d'oiseau se répandit sur tous les continents, avec des représentants aux États-Unis, au Canada, au Brésil, en Russie, en Australie, aux Indes orientales néerlandaises et dans l'Empire ottoman.

Mais bientôt, Nestlé dut lutter contre des voix critiques, qui allaient à nouveau s'élever cent ans plus tard, à savoir que, pour des raisons commerciales, l'entreprise dissuadait les mères d'allaiter leurs nourrissons. À juste titre, Henri Nestlé renvoyait à sa brochure, largement diffusée, dans laquelle il écrivait expressément : « Dans les premiers mois, le lait maternel restera toujours l'alimentation la plus naturelle et la meilleure, et toute mère fidèle à son devoir doit allaiter elle-même son enfant si elle a la capacité de le faire. » Mais il est vrai aussi que dans des annonces parues dans la presse, il évoquait le fait que sa farine lactée pouvait remplacer le lait maternel.

Pendant sept ans, Henri et Clementine travaillèrent du matin au soir dans leur fabrique, qui employait déjà plus de trente employés et connaissait un développement constant ; elle leur avait apporté en peu de temps une grande prospérité. Henri avait maintenant soixante ans et jouissait d'une bonne santé, Clementine avait à peine dépassé la quarantaine. Fin 1874, Nestlé, sans descendants, décida qu'il en avait assez et se mit à la recherche d'un acheteur pour l'œuvre de sa vie. « J'ai besoin de repos et ma femme tout autant », écrivait-il à un ami. Un groupe d'hommes d'affaires de Vevey lui offrit un million de francs pour l'entreprise et, en prime, un splendide attelage à deux chevaux. Dans le prix devaient être inclus la marque avec le logo du nid d'oiseaux et le nom d'Henri Nestlé avec sa signature, qu'il avait coutume d'utiliser pour signer chaque boîte de farine lactée. Avec le contrat de vente du 8 mars 1875, il s'engageait à signer non plus «Henri Nestlé» mais «Nestlé-Ehemant», ce qu'il prit avec sérénité: «Comme j'ai vendu mon nom, ma femme a dû m'en procurer un nouveau.»

L'ancien apprenti en pharmacie passa les dernières années de sa vie à la façon d'un riche gentilhomme campagnard. Il acheta des terrains et une prestigieuse villa au-dessus du Léman. Il donna de l'argent pour soutenir divers projets d'utilité publique. Il se promenait volontiers en calèche et ne se montrait en public que vêtu de blanc. Il mourut le 7 juillet 1890, après une courte maladie et juste avant son 76e anniversaire. Son épouse Clementine vécut encore dix ans, retirée dans un calme aristocratique.

Johann Jacob Leu

Johann Jacob Leu,
1689-1768.
(aucune indication)

Vers 1750, Zurich n'était pas encore « la plus petite métropole du monde », comme elle aime à se faire appeler aujourd'hui, mais une théocratie furieusement protestante, gouvernée d'une main de fer par des zélateurs religieux. Pour les dix mille habitants qui vivaient dans les sombres ruelles médiévales, presque tout était interdit sous peine de punition : les draps de soie, la vaisselle en porcelaine, les vêtements élégants, les boucles de chaussures en argent ou en or, les longs cheveux et les perruques, les gants blancs. Les jurons étaient interdits, de même que le chant et la danse, s'ils n'étaient pas ordonnés expressément par les autorités. Pour les enfants, il était interdit de jouer aux quilles, aux billes, aux cartes et aux soldats, de faire des paris et des parties de luge pendant la nuit. L'amour était interdit aux personnes non mariées. L'ivrognerie, le jeu et la goinfrerie étaient interdits, tout comme l'oisiveté et la mendicité. Faire de l'équilibre sur une corde raide ou héberger des gens de mœurs légères était interdit. Le tabac était interdit, parce que, premièrement, il n'était pas utile au maintien de la vie humaine ; deuxièmement, il était mauvais pour la santé ; troisièmement, il risquait de provoquer des incendies et, quatrièmement, il coûtait trop cher au pays. À l'inverse, tout ce qui n'était pas interdit était obligatoire. Aller au culte tous les jours était obligatoire. À huit heures du soir, c'était l'«heure de police» pour les auberges, le repos nocturne strict régnait dès neuf heures. Des habitants adultes faisaient des rondes pendant la nuit et veillaient à ce que les jeunes se comportent calmement et ne se bagarrent pas.

Quiconque manquait à la crainte de Dieu ou à la fidélité envers les autorités, se voyait infliger une amende ou recevait des coups de fouet, était exposé au pilori, chassé du pays ou enfermé au cachot. Et quiconque s'écartait de la véritable foi était même noyé dans la Limmat. Des gardiens des bonnes mœurs patrouillaient dans les rues, les voisins espionnaient les voisins. Les bourgeois les plus riches de la ville eux-mêmes s'enveloppaient dans des tissus gris et grossiers pour ne pas attirer l'attention; et lorsqu'ils faisaient construire une maison, ils veillaient scrupuleusement à réaliser une façade aussi sobre que possible, sans aucun ornement.

Alors que dans les villes voisines, comme Berne et Bâle, la bourgeoisie montante édifiait de somptueux palaces de style Renaissance ou baroque, Zurich offrait un aspect modeste et même indigent. Ce n'est qu'à l'intérieur des maisons, là où le regard des voisins jaloux ne pouvait rien apercevoir, que les Zurichois osaient plastronner: il y avait des lustres et des lumières, des stucs, des galeries de miroirs, des lambris, des fresques murales et d'opulents poêles en faïence – et naturellement on organisait aussi des fêtes, sous couvert de la vie privée, où l'on pouvait festoyer, boire et rire.

Mais, malgré son apparente pauvreté, Zurich était alors déjà très riche – peut-être l'un des États les plus riches du monde selon le revenu et la fortune par tête d'habitant. Pendant deux cents ans, les habitants avaient travaillé, commercé, accumulé de l'argent dans la paix, la rigueur et la morosité et, en même temps, profité du fait que le reste de l'Europe avait continuellement été mis à feu et à sang. Alors qu'autour d'eux éclataient des guerres de religion ou de succession, les Zurichois plantaient des mûriers et élevaient des vers à soie, tissaient des fils pour confectionner des bas, des châles et des rubans, et les vendaient aux maisons princières et royales de tous les pays. Cela rapportait beaucoup d'argent. De plus, les paysans fournissaient, au prix fort, du bétail, des céréales et du fromage à l'Allemagne, dévastée par les guerres, et les jeunes gens partaient volontiers s'engager comme mercenaires aux services étrangers pour mourir sur un champ de bataille ou revenir chez eux riches, chargés de leurs trophées de guerre.

Cependant, comme il était difficile de dépenser son argent à Zurich, hostile aux plaisirs, de grosses sommes s'accumulèrent. Vers 1600 déjà, la ville disposait au total d'une fortune imposable de dix-huit millions de gulden – soit dix fois plus que cent ans auparavant. Les Zurichois gardaient leur argent dans des cassettes, le cachaient sous les lattes du plancher, le prêtaient contre intérêt à des amis et des parents. Mais à un certain moment, il y eut en ville simplement davantage d'argent que ce que l'on pouvait dépenser. Alors les bourgeois le prêtèrent aux paysans au taux d'intérêt maximal de cinq pour cent, conforme à la foi et fixé par le réformateur Ulrich Zwingli. Mais bientôt, la campagne zurichoise fut inondée par une telle masse d'argent que les paysans pouvaient choisir à qui ils souhaitaient emprunter pour construire de nouvelles maisons ou des étables, raison pour laquelle les bailleurs de fonds durent baisser les taux pour pouvoir encore prêter leur argent. Dès que des emprunts à quatre pour cent furent disponibles, les paysans les contractèrent pour payer leurs dettes résultant du taux à cinq pour cent, ce qui fit baisser le taux à trois pour cent. Cette spirale descendante ne plaisait pas aux détenteurs des fonds, si bien que les autorités décidèrent en 1710 que le taux maximal de cinq pour cent deviendrait le taux minimal légal et menacèrent de punir sévèrement quiconque prendrait ou offrirait un taux plus bas. Mais comme l'argent arrivait à Zurich en quantités toujours plus importantes, ni les créanciers ni les débiteurs ne respectèrent les directives et le marché des capitaux fut complètement déréglé. Vers 1700, la surabondance d'argent était un sérieux problème non seulement à Zurich, mais dans l'ensemble de l'ancienne Confédération.

C'est dans ce monde que naquit à Grüningen, près du lac de Zurich, le 26 janvier 1689, Johann Jacob Leu, futur fondateur de la plus ancienne banque moderne de Suisse. Le petit Johann Jacob était issu d'une famille zurichoise très estimée ; son père était bailli. Il grandit au château baillival, dans une paix empreinte de travail et de foi protestante, protégé par sa sœur Susanne, qui avait deux ans de plus que lui, et instruit par un précepteur privé. Lorsqu'il eut huit ans, la famille déménagea pour deux ans à Locarno où son père administrait le bailliage commun. De retour à Zurich, Johann Jacob suivit les cours de l'École latine, puis du Collegium humanitatis et du Carolinum. Il apparut bientôt qu'il possédait à un degré incroyable toutes les vertus de sa ville d'origine – application, autodiscipline, ténacité. À quatorze ans, il rédigea une biographie de Johan Jacob Breitiger, pasteur puritain et rigoriste de la cathédrale de Zurich du début du dix-septième siècle, ouvrage de près de six cents pages calligraphiées avec amour, qui lui avait demandé dix mois de travail[5]. Celui dont le jeune biographe fait un portrait si empressé, avait obtenu à Zurich, en 1624, l'interdiction de toute forme de théâtre, introduit plusieurs nouveaux jours de pénitence et de jeûne et supprimé toutes les fêtes religieuses, sauf Noël, Pâques et Pentecôte.

Mais malgré toute la morosité ambiante, une brise rafraîchissante soufflait dans les ruelles zurichoises ; car le protestantisme d'Ulrich Zwingli n'avait pas seulement engendré un régime rigide : il avait aussi libéré les gens du monopole de la vérité détenu par l'Église catholique. À Zurich, on était certes loin d'oser penser librement, mais sous le voile gris de la théocratie s'épanouissaient les fleurs de la Renaissance, de l'humanisme et de l'aube des Lumières. C'était l'époque où, à Londres, Isaac Newton créait les bases de la physique moderne. À Hanovre, le philosophe Gottfried Wilhelm Leibniz soutenait l'idée que le monde était le « meilleur des mondes possibles ». À Bâle, le mathématicien Jacob Bernoulli expliquait aux « petites vieilles, aux trop crédules et aux profanes » qu'une comète n'est pas un avertissement de Dieu, mais un morceau de caillou incandescent. Et

---

[5] « Lebensbeschreibung des von Gott hocherleuchteten Hrn. Johan Jacob Breitinger gewesnen treüeyffrigsten Pfarrers zum Grossen Münster in Zürich ».

parce que les hommes des Lumières espéraient, par la raison, amener l'être humain vers la lumière et la liberté, ils regroupèrent leur savoir dans de vastes encyclopédies.

En été 1705, avec cinq autres étudiants, Johann Jacob Leu accompagna son professeur Johann Jakob Scheuchzer, érudit universel et encyclopédiste zurichois, lors d'un voyage de recherche à travers les Alpes suisses. L'expédition avait pour but de fournir une description naturaliste complète du monde alpin. Le jeune Leu, qui avait seize ans, était chargé de s'occuper des comptes pendant le voyage et de prendre des notes sur le mode de vie des populations alpines. Il le fit avec son assiduité et sa minutie coutumières. Selon ce qu'il écrivit dans son volumineux journal de voyage, les Glaronnais, par exemple, sont «un peuple beau, aimable, courageux et querelleur, mais aussi civilisé»[6]; les habitants des Grisons, en revanche, «se servent de la langue romande de Coire, sont des gens grands, forts, peu civilisés, qui élèvent leur bétail et par ailleurs, ne s'occupent pas de beaucoup d'autres choses»[7].

Durant le voyage qui dura trois semaines, Johann Jacob Leu fit preuve d'un zèle encyclopédique qu'il devait conserver toute sa vie. À peine rentré, il composa un calendrier qui, pour chaque jour de l'année, relatait un événement mémorable de l'histoire zurichoise. Et son premier ouvrage fut imprimé en cette même année 1705 : *Der Durchleuchtige Welt-Begrieff*, dans lequel il présentait, sur seize pages, les principaux dirigeants du monde, mais surtout de la Confédération.

Une année plus tard, il partit étudier dans la vénérable Université de Marbourg en Hesse, où il suivit un cours intensif de théologie et de droit en tant que fonctionnaire et diplomate. Pendant l'année et demie qu'il y passa pour apprendre «l'intelligence de l'État» et une «conduite bien organisée», il se familiarisa aussi avec la danse, la flûte, l'escrime ainsi que l'espagnol

---

[6] « ein schön, freundlich, muthig und streitbar Volk, auch darnebend civilisirt »
[7] « gebrauchen sich der Churwelscher Sprach, sind grosse, starke, uncivilisirte Leüth, die ihrem Vieh nachziehen und sich im übrigen vilen anderen Sachen nit annehmen »

et le hollandais. Après son diplôme en automne 1708, il traversa toute l'Europe en passant par les champs de bataille de la guerre de Succession d'Espagne, alla trouver le philosophe Leibniz à Hanovre et se rendit à Paris en passant par Amsterdam, La Haye et Bruxelles, capitale des Pays-Bas espagnols. À la Saint-Sylvestre, il était au château de Versailles, qui venait d'être construit, où on l'autorisa à venir voir le « souper » du Roi-Soleil Louis XIV, déjà très âgé. Le matin du Nouvel An, Johann Jacob eut le privilège de pénétrer dans la chambre à coucher ruisselante d'or du monarque, encore tout somnolent – ce monarque tellement craint et détesté dans le monde protestant – et de pouvoir lui souhaiter la bonne année.

Puis il rentra à Zurich. Le temps des aventures était révolu. Âgé de vingt ans à peine, il entra en tant que chancelier au service du sous-secrétaire de la ville de Zurich. Au bout de quelques années, on lui confia ses premières missions indépendantes ; il eut le droit de présider des séances et de rédiger des procès-verbaux. En 1710, il devint bibliothécaire de la bibliothèque des bourgeois, puis successivement substitut du Conseil en 1713, sous-secrétaire en 1720, secrétaire de la ville en 1729, bailli de Kyburg en 1736 et enfin, en 1749 – après quarante ans de bons et loyaux services – trésorier de Zurich, c'est-à-dire ministre des Finances.

Entre temps, l'argent surabondant n'avait cessé de s'accumuler à Zurich. Les bourgeois étaient désespérés, les autorités désemparées. Mais à peine Hans Jakob Leu eut-il pris ses fonctions de trésorier qu'une idée inouïe se mit à circuler : et si l'on investissait le surplus d'argent non pas dans le pays, mais à l'étranger ? C'était un concept révolutionnaire auquel personne n'avait osé penser jusque-là. Comme le gouvernement prêtait une oreille attentive à cette idée, le meilleur ami de Leu – le conseiller Johann Conrad Heidegger – se mit à élaborer le projet d'une institution étatique qui devait permettre à tous les Zurichois de placer leur argent à l'étranger à un taux relativement bas, mais sûr, de trois ou quatre pour cent. La première année, c'est l'État de Zurich lui-même qui devait commencer avec un apport unique de 50 000 gulden, qui serait placé, à titre d'essai, à Londres, Paris et Vienne. La deuxième année, si tout se passait bien, on inviterait les bourgeois zurichois à apporter leurs surplus de richesses à la nouvelle « banque ».

C'est exactement ce qui arriva. Lorsque l'année expérimentale fut achevée, la banque Leu reçut officiellement les premiers fonds le 15 avril 1755. Installée à l'Hôtel de ville, elle n'était alors ouverte qu'en mai et en novembre à la Saint-Martin. Les clients pouvaient apporter leur argent ou retirer leurs intérêts le mardi et le jeudi. Le seul employé de la banque était un secrétaire salarié qui remplissait les fonctions de comptable et de caissier et qui enfermait les versements dans un coffre en fer. Il n'avait le droit de verrouiller ce coffre qu'en présence de l'une des deux personnes chargées à titre honorifique de la fermeture (le *Schlüssler*), qui lui étaient adjointes pour assurer le contrôle. C'est une commission étatique, présidée par le trésorier Johann Jacob Leu, qui décidait du lieu où les fonds devaient être placés.

La première banque suisse fut certes clairement une entreprise étatique – le capital de départ provenait du Trésor public, le comité directeur était composé de membres du Conseil sous la présidence du ministre des Finances, le siège de l'entreprise se trouvait à l'Hôtel de ville. Mais comme les gens se seraient méfiés d'un tel organisme, la banque se donna beaucoup de mal, dès le début, pour apparaître à l'extérieur comme la banque privée d'une personne respectable jouissant d'une grande considération dans la population. Le 27 novembre 1754 déjà, donc bien avant le premier jour de versement, la commission avait décidé que tous les documents commerciaux « devraient être signés de la propre main de Monsieur le Trésorier Hans Jacob Leüw et scellés avec l'insigne, confectionné spécialement à cet effet, de Leu et Compagnie »[8].

Durant le premier exercice déjà, les corporations, les sociétés, les offices et les personnes privées placèrent près de 60 000 gulden, soit nettement plus que le capital de départ de l'État. Les

---

[8] ... dass alles Geschäftspapiere von « Herrn Sekell Meister Hans Jacob Leüw (...) Eigenhändig Unterschriben und mit dem hierzu Eigens verfertigten Signet de Leu et Compagnie besigelt werden sollen ».

Zurichois confièrent à la banque de telles quantités d'argent qu'après quelques années, Leu et Compagnie dut décréter une interdiction de placement qui ne fut que progressivement assouplie.

Johann Jacob Leu resta pendant quatre ans président de la banque à qui il avait donné son nom. Quant aux honoraires qu'on lui faisait parvenir, il les reversait généreusement au secrétaire qui gérait le fameux coffre en fer. En 1759, lorsqu'il fut nommé bourgmestre à vie à l'âge de soixante-dix ans, et qu'il remit la présidence à son ami Conrad Heidegger, la banque garda la marque déjà bien connue « Leu et Compagnie », qui devait survivre, à travers tous les tumultes de l'histoire mondiale, jusqu'en 2012, quand la banque fut fusionnée avec le Crédit Suisse.

Jusqu'à son dernier souffle, Johann Jacob Leu resta le serviteur de l'État dévoué qu'il avait été durant toute sa vie. Lorsque l'on parcourt les quelques milliers de pages de procès-verbaux, manuaux du Conseil et décisions gouvernementales qu'il a rédigés au fil des années, il semble presque incroyable qu'il ait mené, à côté de cela, une vie bien réelle : il se maria deux fois, eut quatre filles et un fils et dut enterrer ses deux épouses. Dans tous les documents qu'il a laissés, il ne livre pratiquement rien sur sa vie privée. Il parle en revanche abondamment de sa deuxième passion, la collecte encyclopédique de connaissances, à laquelle il resta fidèle de sa jeunesse jusqu'à son grand âge. Il évoque aussi en détail les dictionnaires qu'il a rédigés les uns après les autres. Il consacra une vingtaine d'années à recueillir toutes les formes de droit public existant dans la Confédération, poussant ses recherches méticuleuses et difficiles jusque dans les vallées alpines les plus reculées, et à les rassembler dans un ouvrage de référence. Comme il ne se priva pas, en plus, de comparer chaque loi avec le droit romain, la théorie du droit naturel, ainsi qu'avec la Bible et le droit ecclésiastique ; l'ouvrage prit d'énormes proportions jusqu'à devenir quatre pavés aussi épais qu'arides, qui pour toujours prennent la poussière dans les archives et les bibliothèques. Parvenu à l'âge mûr de cinquante-huit ans, il se mit alors à son véritable ouvrage fondamental, un dictionnaire général alphabétique «helvétique, fédéral ou suisse»[9], dont les volumes parurent les uns après les autres pendant dix-huit ans. Comme aucun éditeur ne croyait que l'auteur, qui avait déjà les cheveux blancs, pourrait un jour achever son ouvrage, Leu dut lui-même publier son dictionnaire à ses frais. Lorsqu'en 1765, contre toute attente, parut le dernier volume avec la lettre Z, Johann Jacob Leu avait déjà soixante-seize ans et il approchait de la fin de sa vie; son écriture était encore petite et fine, mais elle devenait peu à peu tremblée et quelques infirmités de l'âge apparaissaient ci et là. Le 8 novembre 1768, le bourgmestre eut une attaque d'apoplexie pendant une séance du Conseil et décéda après deux jours de lutte contre la mort. Moins de trente ans plus tard, la théocratie zurichoise fut balayée par la Révolution française et *Leu et Compagnie* échappa de justesse au pillage.

---

[9] «Allg. Helvetisches, Eydgenössisches oder Schweizerisches Lexicon».

Fritz Hoffmann-Laroche

Fritz Hoffmann-La Roche, 1868-1920.
Copyright : Historisches Archiv Roche, Bâle.

À peine Fritz Hoffmann avait-il commencé son apprentissage de commerce à Hambourg, en août 1892, qu'une épidémie de choléra éclata. Plus de dix-huit mille personnes contractèrent la maladie, neuf mille moururent, la ville fut mise en quarantaine. De la fenêtre de son bureau, Fritz voyait passer les morts entassés et emmenés sur des charrettes. Pour se protéger du bacille du choléra, lui et les autres apprentis buvaient de grandes quantités de cognac, qu'ils trouvaient dans les réserves, auquel ils ajoutaient des zestes d'orange pour améliorer le goût. Cela n'avait aucun effet sur la maladie, mais c'était bon – exactement comme ce sirop contre la toux au goût d'orange grâce auquel, cinq ans plus tard, Fritz Hoffmann-Laroche fera la conquête du marché mondial.

Issu de l'ancienne aristocratie financière bâloise, il était si riche qu'il aurait pu mener une vie luxueuse de rentier. À sa place, beaucoup auraient fait ce choix, car Fritz n'avait aucun talent particulier ni préférences marquées ; de plus, il n'était ni spécialement intelligent, ni plus charmant que la moyenne, ni d'une beauté saisissante. Mais il possédait en abondance quelques vertus : application, courage, ténacité, capacité à s'imposer. C'étaient les vertus de la bourgeoisie protestante bâloise

– la croyance ancestrale de ses aïeux selon laquelle seule une vie de travail est agréable à Dieu. C'est Emanuel Hoffmann-Müller, tisserand bâlois, qui avait créé la richesse familiale deux cent vingt ans auparavant : il s'était rendu en Hollande en 1667 pour évaluer les nouveaux métiers à tisser, actionnés par l'eau, qui pouvaient tisser seize rubans à la fois. Comme les Hollandais veillaient jalousement sur leur invention, Emanuel Hoffmann passa en contrebande un métier à tisser de ce type, en pièces détachées, et l'apporta à Bâle – sur quoi la passementerie connut un rapide essor dans la boucle du Rhin.

Quand le jeune Fritz Hoffmann décida-t-il de créer une fabrique de médicaments d'envergure mondiale ? C'est difficile à dire. Certainement pas au lycée, car c'était un élève très moyen qui peinait à suivre l'enseignement du latin. Ses parents souhaitaient qu'il s'oriente vers les sciences. Mais pour réussir des études universitaires, il lui manquait le latin et la curiosité. Il aurait préféré devenir commerçant comme son père, ses grands-pères et même ses arrière-grands-pères. En 1886, âgé de dix-huit ans, le jeune homme commença donc un apprentissage bancaire à Yverdon et le termina trois ans plus tard avec des certificats passables. Comme il ne savait toujours pas que décider et vers quel but s'orienter, il fit un nouvel apprentissage de deux ans à la droguerie Bohner, Hollinger & Cie à Bâle, passa ensuite quelques mois à Londres dans une entreprise de produits chimiques avec laquelle les Hoffmann entretenaient des rapports commerciaux et amicaux. En août 1892, il trouva du travail chez Lipman & Geffcken, un commerce de denrées coloniales à Hambourg.

Six mois auparavant, le choléra s'était déclaré en Asie du Sud-Est, puis s'était propagé jusqu'en Afghanistan, où il avait fait six mille victimes. En mai et juin, l'épidémie gagna Saint-Pétersbourg en passant par Moscou et atteignit l'Europe en juillet. En cet été 1892, des milliers d'émigrants russes étaient arrivés à Hambourg par la mer Baltique en vue de s'embarquer pour l'Amérique. À bord se trouvaient aussi des bactéries du choléra, bien cachées dans les intestins d'un ou de plusieurs migrants. Au début du mois d'août, cinq mille Russes attendaient à

Hambourg, avant leur traversée vers le Nouveau Monde. Ils étaient logés sur le quai, dans des baraques de fortune, mal éclairées et équipées d'étroits lits de camp. Rien n'était prévu pour les lieux d'aisance, si bien que tous ces gens se soulageaient sur les rives de l'Elbe. C'était dramatique, car les habitants de Hambourg s'approvisionnaient en eau potable dans le fleuve, sans la filtrer. La ville, en forte expansion, avait beaucoup trop tardé à construire une installation moderne d'approvisionnement en eau potable ainsi qu'un système d'évacuation des eaux usées.

Le 15 août, un docker mourut après vingt-quatre heures de violents vomissements et diarrhées. Un deuxième décéda le lendemain. Au bout d'une semaine, les autorités dénombraient deux cents morts. Lorsque la rumeur d'une épidémie de choléra se répandit, les habitants s'enfuirent en masse de la ville ; dans la seule journée du 22 août, la *Reichsbahn* vendit huit mille billets de train de plus que d'habitude. Mais Fritz Hoffmann ne pouvait se résoudre à repartir déjà – puis ce fut trop tard : la ville fut mise en quarantaine pour quatre mois, jusqu'à la fin de l'année 1892.

Comme le commerce et l'artisanat s'étaient presque totalement arrêtés, Fritz Hoffmann avait peu de travail et donc largement l'occasion de suivre l'évolution de l'épidémie. Le 25 août, la police distribua des feuillets contenant des règles de protection, dont, au point 5 : « Selon notre expérience, il n'existe aucun médicament contre la maladie déclarée. » Dans les hôpitaux, les malades mouraient comme des mouches. Les médecins étaient perplexes. Les pharmaciens, désemparés, broyaient et mélangeaient dans leurs mortiers du camphre, du soufre et de l'hellébore selon des recettes moyenâgeuses. Les homéopathes administraient de l'arsenic en fortes dilutions, et si le patient mourait, ils étaient accusés d'empoisonnement.

C'est peut-être au cours de ces mois que Fritz Hoffmann comprit que le temps des pharmacies médiévales était révolu et qu'il fallait produire des médicaments dans des fabriques modernes, avec toujours les mêmes ingrédients selon les mêmes recettes et avec des effets constants et fiables.

Quoi qu'il en soit, tout alla très vite dès que la quarantaine fut levée à la fin de 1892. Début janvier 1893, ses parents

Carte postale, vers 1900.
Copyright: Historisches Archiv Roche.

accoururent à Hambourg pour le ramener à la maison à Bâle. Afin de lui permettre de bien débuter dans la branche des médicaments, son père acquit une part de 200 000 francs dans l'entreprise où Fritz avait fait son apprentissage, la droguerie Bohner, Hollinger & Cie. Le jeune homme prit ses fonctions le 1er juillet – tout de suite en tant que fondé de pouvoir. Dès le début, il dirigea avec fougue le laboratoire de chimie situé au bord du Rhin dans le Petit Bâle, qui faisait partie de la droguerie et produisait de la cire, des onguents et des huiles essentielles. Il devint cependant vite évident que le jeune homme impétueux de vingt-cinq ans n'allait pas se contenter longtemps d'encaustique. Il ambitionnait des inventions retentissantes et des succès commerciaux mondiaux. Mais il y avait un fâcheux obstacle: il lui manquait l'idée de génie qui lui permettrait de faire une découverte fracassante. Malgré cela, il travaillait à un rythme effréné, mettait le laboratoire sens dessus dessous et déconcertait les ouvriers en amenant constamment de nouvelles idées. Au bout de quelques mois, il s'était à ce point fâché avec ses supérieurs, tous deux membres de la corporation et représentants de la vieille école, que sa carrière d'industriel de la chimie menaçait de s'achever prématurément. Son père évita cet échec en achetant, le 1er avril 1894, l'ensemble du laboratoire avec tous les équipements et les employés pour la somme de 90 000 francs.

Désormais, Fritz pouvait agir à sa guise. Dans les premiers temps, il avait certes encore à ses côtés, comme partenaire égal, Max Carl Traub, qui avait dirigé l'exploitation jusque-là, ce qui explique que l'entreprise s'appelait alors «Hoffmann, Traub & Co.»; mais Traub, qui n'avait pas envie de travailler au rythme soutenu du jeune entrepreneur trop dynamique, se retira au bout de deux ans, invoquant une maladie cardiaque. Cependant, comme Hoffmann n'avait toujours pas d'idée de génie, l'entreprise se limita à produire des remèdes traditionnels à base de substances végétales. Mais étant donné que ceux-ci étaient connus depuis longtemps et fabriqués par de nombreuses entreprises dans toute l'Europe, le succès commercial resta modéré et le bénéfice minime. Ce qui manquait à la jeune entreprise, c'était une nouveauté, une spécialité, quelque chose de particulier que personne ne produisait.

On peut donc imaginer la jubilation de Hoffmann, au cours de la deuxième année d'exploitation, lorsque son chimiste Fritz Lüdy développa, à partir d'iode et de bismuth, une poudre cicatrisante gris-vert qui protégeait de manière efficace contre les infections. Les tests médicaux se déroulèrent à satisfaction, les médecins réagirent avec enthousiasme. Fritz Hoffmann comprit immédiatement qu'il tenait sa chance. Il appela cette poudre *Airol* et déposa un brevet international. Il fit construire une succursale dans la ville voisine de Grenzach, sur sol allemand. Il prit contact avec l'armée suisse, se rendit à Vienne, Paris et Milan, où il établit des représentations, tissa des liens en Angleterre, aux États-Unis et au Japon.

En même temps, au printemps 1895, Hoffmann se maria avec Adèle La Roche, âgée de dix-huit ans, elle aussi issue d'une ancienne et très riche famille marchande de Bâle; elle venait de rentrer de Paris-Neuilly où, dans le pensionnat de jeunes filles de Mlle Herrenschmidt, elle avait été préparée aux devoirs d'une épouse bourgeoise. Après un mariage somptueux et un voyage de noces de six semaines, le jeune couple emménagea dans le logement du cocher, dans la propriété des beaux-parents La Roche ; car Fritz Hoffmann avait placé toute la fortune dont il disposait dans la fabrique et n'avait plus d'argent pour créer son propre foyer. Le premier fils, Emanuel, vint au monde une année plus tard, puis ce fut Alfred l'année suivante. Les dimanches et jours fériés, Adèle et Fritz se promenaient à cheval dans la campagne ou allaient à la chasse.

Mais depuis le départ de Max Traub, des difficultés apparurent dans l'entreprise, qui s'appelait désormais F. Hoffmann-La Roche & Co. Après quelques succès initiaux, les ventes d'Airol reculèrent ; la poudre gris-vert avait la désagréable particularité de se colorer en rouge dès qu'on l'appliquait sur une blessure – ce qui avait des conséquences psychologiques dévastatrices sur les patients et les médecins. L'armée suisse craignait pour le moral des troupes et renonça à une commande. Lorsque les concurrents Ciba et Hoechst commercialisèrent une poudre cicatrisante tout aussi efficace, mais avec une couleur stable, ce fut la fin définitive de l'Airol.

Chez Roche, les commandes se faisaient attendre. Cependant, comme la nouvelle fabrique de Grenzach était terminée, il fallait que la production continue, que les vastes dépôts se remplissent et que les crédits bancaires soient payés. Fritz Hoffmann misa donc à nouveau sur les extraits de plantes médicinales traditionnelles. Mais dans ce secteur, la concurrence était déjà bien implantée et pour y faire face, il fallait pratiquer des prix tellement bas qu'ils étaient suicidaires.

Au bout de peu de temps, la propre famille de Fritz Hoffmann perdit confiance dans l'entreprise. En janvier 1897, d'un jour à l'autre, Rudolf Koechlin-Hoffmann, le mari de sa sœur – donc son beau-frère – qui était directeur de la Banque de commerce de Bâle, annula un crédit de 500 000 francs (ce qui correspond actuellement à environ dix millions de francs). Le père de Fritz Hoffmann perdit alors aussi confiance. Il conseilla à son fils de renoncer à l'aventure pharmaceutique et d'accepter un emploi dans une cimenterie à Hauenstein.

Mais Fritz Hoffmann-La Roche ne voulait pas d'un emploi dans une cimenterie à Hauenstein. Il alla chercher son comptable et se rendit chez son père afin de le convaincre des perspectives d'avenir de l'industrie chimique. Si l'on en croit la chronique de l'entreprise, il y réussit. Ce qui est sûr, c'est que six mois plus tard, il n'était plus question de discuter puisque son père mourut le 26 juillet 1897. Sa mère l'aida avec un montant de 100 000 francs, de même que son beau-père La Roche, qui devint un associé tacite avec un apport de 300 000 francs.

Financièrement, l'entreprise avait retrouvé des bases solides; les banques étaient prêtes à accorder de nouveaux crédits. De son côté, Fritz Hoffmann se promit d'être plus prudent en affaires. Il avait l'intention de supprimer le laboratoire expérimental, qui n'occasionnait que des dépenses sans rien rapporter, mais à ce moment justement, deux de ses plus proches collaborateurs, les jeunes chimistes Carl Schaerges et Emil Barell, firent une découverte très prometteuse. Ils avaient réussi à modifier un médicament contre la tuberculose, courant à l'époque, mais peu efficace, le Guajacol; grâce à cette modification, le médicament n'irritait plus les muqueuses gastriques, se digérait facilement et améliorait même l'appétit des patients. Comme Schaerges souffrait lui-même de tuberculose, il testa le médicament sur lui et estima qu'il lui faisait du bien. Seul problème: le remède avait un goût amer, ce qui était de nature à compromettre le succès commercial. Le patron avait une solution. Il se souvenait du cognac à l'orange qu'il avait bu avec plaisir pendant l'épidémie de choléra à Hambourg. Il eut donc l'idée de transformer le remède amer en sirop d'orange sucré.

Ce sirop contre la toux, le *Sirolin*, avait un goût extrêmement agréable. Il fut commercialisé en 1898 comme moyen de prévention contre la tuberculose et les refroidissements. Contrairement à l'Airol, le sirop Sirolin ne changeait pas de couleur et ne présentait aucun autre inconvénient – à part un seul: il était pratiquement inefficace contre la tuberculose et les refroidissements. Mais comme il avait un goût si délectable, il devint le premier grand succès commercial de l'entreprise. La première année, Roche vendit 700 bouteilles, la deuxième, 33 000, en 1900, 78 000 et en 1913, pour la première fois, plus d'un million. Roche produisit ce sirop pendant plus de soixante ans, durée exceptionnelle pour un médicament.

Pour le Sirolin, Hoffmann se lança dans une publicité massive, ce qu'aucun fabricant de médicaments n'avait fait à ce point avant lui. Il distribua dans presque tous les pays européens des millions de vignettes autocollantes et de cartes postales qui représentaient des enfants heureux buvant du Sirolin. Il y eut des images Sirolin représentant des saints et des sports, d'autres encore sur l'art, la géographie et l'histoire. En même temps, Hoffmann faisait paraître des annonces illustrées dans de nombreux journaux, du Portugal à l'Oural, et développait un réseau mondial de représentants et d'agences publicitaires.

Ce succès commercial généra de gros bénéfices qui permirent de nouveaux succès – et cette fois avec des médicaments véritablement efficaces qui se révélèrent bénéfiques pour l'humanité. Les universités, en effet, s'intéressaient désormais à Roche et proposaient à la jeune entreprise de commercialiser leurs découvertes. En 1904, le professeur Max Cloetta, de Zurich, offrit à Roche un remède pour le cœur, le *Digalen*, produit à partir de la digitale, qui allait être une grande réussite commerciale. Une année plus tard, Carl Keller-Escher, un collègue de Cloetta, produisit le *Secacornin*, une préparation à base d'ergot de seigle. En 1906, le professeur Hermann Sahli, de Berne, développa des analgésiques et des somnifères à base d'opium, qui allaient rester une spécialité de Roche durant tout le vingtième siècle.

Fritz Hoffmann-La Roche gagnait alors énormément d'argent et savait en profiter. Avec Adèle et ses fils, il quitta le logement du cocher et emménagea dans une somptueuse villa de style Louis XVIII, avec une salle à manger qui pouvait accueillir une trentaine de convives. Pour se rendre au travail, il avait remplacé le vélo par une splendide calèche. Dans ses voyages d'affaires, il privilégiait la classe de luxe – il aimait surtout aller en Russie où les signatures de contrats donnaient lieu à des fêtes somptueuses.

Mais la Première Guerre mondiale éclata et une cascade de catastrophes s'abattit sur l'entreprise. En juillet 1915, la police allemande occupa la fabrique de Grenzach. Barell, le directeur, soupçonné d'avoir livré des marchandises à l'ennemi français, fut arrêté. L'armée allemande plaça Roche sur une liste noire et boycotta l'entreprise. En France, à l'inverse, Roche passait pour une entreprise allemande et devait sans cesse se soumettre à des contrôles de police. De nombreux médecins et pharmaciens refusaient de prescrire ou de vendre des produits de Roche. À Londres, le bruit courait que Roche produisait un gaz toxique pour l'armée allemande et l'entreprise se retrouva donc aussi sur une liste noire en Grande-Bretagne. En 1917, lorsque la révolution éclata en Russie, Roche perdit non seulement tout le marché russe, qui représentait à certains moments un cinquième de son chiffre d'affaires, mais aussi des millions d'actifs dans des banques russes. Ensuite, lorsque l'inflation anéantit encore les avoirs bloqués en Allemagne, l'entreprise se trouva au bord de la ruine.

À la fin de la guerre, en 1918, Fritz Hoffmann était malade. Il avait cinquante ans et était à bout de forces. L'œuvre de sa vie risquait la faillite. Sa santé était déficiente. La menace d'un divorce planait sur son mariage. Depuis de nombreuses années, il vivait une histoire d'amour, à peine cachée, avec une dame mariée de la meilleure société bâloise.

Finalement, tout alla très vite. Au printemps 1919, Fritz Hoffmann dut se rendre à l'évidence que Roche ne survivrait pas sans aide. L'entreprise fut transformée en société anonyme pour pouvoir bénéficier de nouveaux fonds. En même temps, le patriarche Hoffmann fut privé de son pouvoir : alors qu'il devait se contenter de la vice-présidence du conseil d'administration, la présidence fut reprise par son beau-frère Rudolf Koechlin-Hoffmann – celui-là même qui, en tant que directeur de la Banque de commerce, lui avait refusé un crédit vingt-deux ans auparavant. La société restait aux trois quarts propriété du fondateur ; le reste des actions appartenait au beau-frère, ainsi qu'à Emil Barell, le vieil ami de Hoffmann, et à deux autres collaborateurs.

En avril 1919, lorsque tous les contrats furent signés, Hoffmann souffrit d'une maladie rénale. Avec Elisabeth, son amante, qui avait divorcé entre-temps, il se rendit à Locarno pour une cure. Il divorça d'Adèle en été et épousa Elisabeth en automne. Les familles concernées traitèrent l'affaire dans la plus grande discrétion, comme cela se faisait habituellement dans les meilleurs cercles de Bâle. Tout ce que l'on sait d'Elisabeth, c'est qu'elle était une von der Mühll, divorcée Staehelin; elle était beaucoup plus jeune que son nouvel époux et avait deux fils adolescents ainsi qu'une fille de son premier mariage. Les annales de l'entreprise mentionnent seulement qu'elle était une «femme extraordinairement belle et aventureuse».

Après le mariage, la santé de Fritz Hoffmann se dégrada drastiquement. En novembre 1919, il dut quitter le conseil d'administration. Barell devint le grand chef; il assainit l'entreprise avec rigueur; en 1920, les dividendes furent réduits de moitié et en 1921, ils disparurent complètement; un tiers des mille cinq cents employés furent licenciés.

L'entreprise se releva très rapidement dans les années 1920, mais Fritz Hoffmann n'était plus là pour le voir. En mars 1920, six mois après son deuxième mariage, il quitta le Tessin pour rentrer à Bâle, où il trouva refuge dans la maison de son frère Carl. Comme il sentait que la fin approchait, il prit formellement congé des siens le lundi de Pâques; il mourut deux semaines plus tard, le 18 avril, d'une mort douce et sereine.

Charles Brown et Walter Boveri

Charles Brown,
1863-1924.
Source : Wikipedia.

Walter Boveri,
1865-1924.
Source : Wikipedia.

Après cent ans d'industrialisation, le monde était toujours plongé dans l'obscurité. La lumière électrique n'existait qu'à proximité des centrales et la plupart des fabriques s'installaient sur les rives de cours d'eau, sources d'énergie. Mais en 1886, Charles Brown et Walter Boveri réussirent à transporter le courant électrique sur de longues distances grâce à des fils de cuivre. En quelques années, la lumière électrique se mit à illuminer les localités les plus isolées et les vallées les plus reculées.

Thomas Alva Edison, l'inventeur de l'ampoule électrique, n'y avait pas cru. En 1892, il avait certes déjà installé à New York une centrale capable d'alimenter en courant électrique un quartier de la ville. Mais lorsqu'il essayait de transporter le courant sur de plus grandes distances, il le perdait à cause de la résistance des câbles en cuivre. Le problème résidait dans le fait qu'il utilisait un courant continu ; celui-ci, à basse tension, circulait toujours dans le même sens ; si la longueur du câble dépassait deux miles, une grande partie du courant se transformait en chaleur. Pour Edison, il était évident, en revanche, que la meilleure technique était le courant alternatif, puisque celui-ci change de direction cinquante ou soixante fois par seconde et peut être transformé en tension de plusieurs milliers de volts – ce qui fait que les pertes sont minimes même sur de grandes distances. Mais le courant alternatif à haute tension était beaucoup plus dangereux que le courant continu. Le grand inventeur ne travailla avec ce type de courant que lorsque l'État de New York le chargea de développer une méthode d'exécution d'êtres humains au moyen de l'électricité. Pendant de nombreux mois, Harold Brown, collaborateur d'Edison, soumit des chats, des chiens et des chevaux au courant alternatif ; lorsqu'il réussit à tuer même un éléphant mâle, les commanditaires furent convaincus. Le 6 août 1890, à la prison Auburn de New York, William Kemmler – qui avait tué son amie avec une hache – fut le premier homme du monde à être attaché sur une chaise électrique. Avec un courant de mille volts, il mourut d'une mort lente, horriblement cruelle. Il va sans dire qu'Edison, très impressionné, discrédita le courant alternatif ; mais à cette époque déjà, plusieurs personnes le soupçonnèrent d'avoir construit la chaise électrique uniquement pour protéger son empire de courant continu contre le courant alternatif, techniquement supérieur.

En Suisse, par contre, où les exécutions étaient rares et pratiquées au moyen d'une guillotine ou d'armes à feu, on avait un rapport plus détendu avec la technique électrique. Ce n'est peut-être pas tout à fait un hasard si ce fut un jeune homme de Winterthour qui, le premier, réussit à transporter le courant sur de grandes distances sans pertes importantes.

Charles Eugen Lancelot Brown, fils d'un Anglais venu s'établir en Suisse, constructeur de machines, et d'Eugénie Pfau, issue d'une famille bourgeoise locale, naquit et passa son enfance à Winterthour. Il étudia au technicum de cette ville où il obtint un diplôme de mécanicien à l'âge de dix-neuf ans. Deux ans plus tard, en 1884, il reprit la direction – assumée jusque-là par son père – du département d'électrotechnique de la fabrique de machines Oerlikon, qui venait d'être créée. Deux ans plus tard, il défrayait déjà la chronique après avoir installé une conduite électrique partant d'une petite centrale près d'un cours d'eau à Kriegstetten et allant jusqu'à Soleure, huit kilomètres plus loin. Il avait été mandaté par les ateliers Sphinx de Soleure, qui fabriquaient des composants pour les montres et espéraient que l'énergie électrique permettrait un fonctionnement plus précis de leurs tours. « Il s'agit de transporter 30 à 50 PS sur 8000 mètres et de garantir une efficacité de 65%, sinon toute l'affaire sera refusée, écrivait le jeune technicien à un collègue. Vous comprendrez que j'ai encore beaucoup à calculer et à dessiner ; si les choses tournent bien, ma fortune sera faite, car personne n'a réussi, même approximativement, une telle performance. »

Après avoir tout calculé et dessiné, il confia la réalisation à son assistant, Walter Boveri, de deux ans son cadet : une répartition du travail que les deux hommes allaient conserver toute leur vie. Boveri n'était pas un génie créatif comme son supérieur, mais il comprenait vite ce que Brown lui expliquait et le mettait en pratique avec discernement. Après sept mois, les travaux étaient terminés. Mais Brown ne s'y intéressait déjà plus ; il se fit représenter par Boveri à la fête d'inauguration. Les spécialistes furent impressionnés. Au bout de la conduite de huit kilomètres de long, 75 pour cent du courant – et non seulement les 65 exigés – parvenaient jusqu'aux tours des horlogers. Dans son expertise, le professeur Heinrich Weber, de l'École polytechnique de Zurich, nota avec admiration : « Un tel degré d'efficacité n'a été nulle part atteint dans les installations réalisées jusque-là. »

Si Charles Brown, cette fois, avait encore travaillé avec le courant continu traditionnel, il s'orienta bientôt vers le courant alternatif. En 1891, il reçut le mandat de tirer une ligne électrique de la ville de Francfort-sur-le-Main jusqu'à la nouvelle centrale de Lauffen sur le Neckar, à 175 km de là, et de prouver que le courant pouvait être transporté même sur de très grandes distances. Brown chargea la Poste allemande de dresser 2500 mâts en bois, y fixa trois fils de cuivre de quatre millimètres d'épaisseur chacun, plaça aux deux extrémités de la ligne des transformateurs de sa propre fabrication, destinés à faire passer le courant alternatif triphasé, provenant du générateur construit par lui-même, de 50 à 1500 volts, pour le réduire enfin, à Francfort, à une tension sans danger. Le 25 août, tout était prêt : lors de la première exposition d'électricité de Francfort et devant un nombreux public, mille lampes s'allumèrent en même temps et le bruit d'une cascade artificielle se fit entendre, rappelant l'eau du Neckar qui, au même moment et 175 km plus loin, se précipitait dans la turbine. Le rendement de l'installation atteignait 75 % – un succès sensationnel.

D'un seul coup, Charles Brown fut célèbre dans le monde entier. L'humanité pressentait qu'elle pourrait à l'avenir construire des centrales dans les endroits les plus reculés et amener l'électricité là où elle était nécessaire, quelles que soient les distances. Il semblait évident que la technologie électrique allait connaître un triomphe sans égal dans les années suivantes. Mais Charles Brown ne se souciait pas des perspectives économiques. Ce qui l'intéressait, c'était la beauté de la technique, l'élégance de l'appareillage, la logique de sa mécanique. Walter Boveri, son assistant, avait en revanche un caractère opposé au sien sur de nombreux points ; il avait surtout l'intuition commerciale qui manquait à son chef. Il entrevoyait que la demande mondiale en électricité allait augmenter à une vitesse vertigineuse et que le génie de Brown vaudrait beaucoup d'argent s'il était associé à son propre instinct économique.

Walter Boveri était issu d'une riche famille de médecins de Franconie. Ses ancêtres, les « Poveri » (« pauvres » en italien), venus d'Italie du Nord par la Savoie et Genève, étaient arrivés en Allemagne au XVIe siècle. Diplômé de l'École royale de mécanique de Nuremberg, Walter Boveri avait été engagé comme stagiaire dans la fabrique de machines Oerlikon en 1885, juste une année après Charles Brown. Les deux jeunes gens se lièrent rapidement d'amitié. Boveri admirait la créativité de Brown, qui, quant à lui, appréciait chez son collègue une compréhension rapide et un jugement sûr. Lors de la construction de la ligne électrique à Soleure, qu'ils réalisèrent ensemble, Boveri révéla en outre des talents de négociateur et de décideur ; alors qu'il n'avait que vingt-deux ans, ses employeurs lui confièrent des missions d'affaires auprès de clients et de financiers, d'abord en Suisse, puis en Allemagne et finalement jusqu'à Nijni Novgorod en Russie, où, en 1887, il assura l'éclairage électrique d'une foire annuelle. C'est probablement en Russie au plus tard qu'il commença à songer à créer sa propre entreprise. Dès son retour en Suisse, il écrivit à Gottlieb Nabholz, maître de forges suisse à Moscou : «... je n'ai pas du tout l'intention de rester pour toujours technicien salarié, j'aimerais au contraire parvenir à créer si possible ma propre entreprise ou au moins à en diriger une.»

Au cours des mois suivants, il approcha Charles Brown, son ami et supérieur qu'il admirait, pour lui proposer de créer ensemble une entreprise qui produirait de grands générateurs, des turbines et des moteurs pour le marché de l'électricité en forte croissance. Brown répondit prudemment, restant dans l'expectative, arguant qu'il voulait rester technicien et n'avait aucune envie de devenir un homme d'affaires. Si Brown et Boveri devaient se constituer en entreprise, c'est Boveri seul qui devrait se charger de fournir le capital de départ. Boveri se mit alors à projeter des halles de fabrication, à demander des offres et à calculer – toujours le soir et le dimanche car, pendant les jours ouvrables, les deux hommes étaient encore employés de la fabrique de machines Oerlikon. Les calculs de Boveri montraient qu'il faudrait 500 000 francs pour créer la firme – l'équivalent actuel d'environ dix millions de francs. C'était un gros montant pour des jeunes gens de vingt-six et vingt-quatre ans qui n'avaient pas grand-chose d'autre à présenter que quelques bonnes idées. Dès 1888, Boveri s'adressa à des dizaines de banques pour obtenir un crédit. Il n'obtint que des refus. En 1889, le projet risqua d'avorter, car Boveri devait faire douze mois de service militaire en Allemagne. Mais dès la fin de cette année, les problèmes financiers s'estompèrent. En 1890, Boveri fit en effet la connaissance de Conrad Baumann, un industriel de la soie zurichois, qui, d'une part, s'intéressait à l'électrotechnique et, d'autre part, avait une fille nommée Victoire, qui, à vingt-cinq ans, était encore célibataire. Peu après leur première rencontre, Boveri tomba amoureux de Victoire, sur quoi le futur beau-père mit à disposition les 500 000 francs nécessaires au capital de départ. Était-ce de l'amour au premier regard ? Nul ne le sait. Soixante-dix ans plus tard, leur fils Walter écrivait dans ses mémoires que « vis-à-vis d'elle, son père avait fait preuve d'un manque de toute manifestation de tendresse » ; mais que sa mère avait « trouvé beaucoup de compensations dans son splendide jardin ».

À partir de là, tout alla très vite. Le 20 décembre 1890, Charles Brown et Walter Boveri signèrent un contrat de coopération. Fin 1890, Boveri quitta la fabrique Oerlikon et chercha un emplacement pour sa propre fabrique. Le 26 février 1891, il épousa Victoire Baumann. Début avril, il décida d'acheter un grand terrain derrière la gare de Baden, entre Zurich et Bâle. Un mois plus tard, la fabrique, qui n'existait pas encore, reçut son premier gros mandat : la ville de Baden, qui ne disposait pas encore d'électricité, commanda à Brown et Boveri – pour le prix de 140 000 francs – une usine électrique au fil de l'eau « pour 2000 lampes à incandescence de 16 bougies normales (environ 15 watts) allumées simultanément ». La construction des ateliers commença en juillet. Fin septembre, Charles Brown quitta à son tour la fabrique Oerlikon et commença à travailler à Baden. L'entreprise Brown, Boveri & Cie (BBC) fut inscrite au Registre du commerce le 2 octobre. En janvier 1892, la fabrique, y compris la fonderie et le bâtiment administratif, était terminée. En février, BBC travaillait déjà avec plus de cent ouvriers et vingt-quatre employés sur les générateurs pour Baden, Fürstenfeldbruck, Ragaz et Klingler-Gossau. La première centrale au fil de l'eau fut construite à Baden en été et, le soir du 27 novembre 1892, la lumière électrique illumina la ville pour la première fois. Le premier fils de Walter Boveri, Theodor, vit le jour en cette même nuit.

Au cours des années suivantes, l'entreprise Brown Boveri connut une croissance que les deux fondateurs n'auraient jamais crue possible. En 1893, malgré la vive concurrence allemande – qui, à vrai dire, ne pouvait offrir que du courant continu –, l'entreprise obtint de la ville de Francfort le mandat de réaliser la plus grande centrale électrique d'Europe. Dès 1895, BBC construisit en Suisse des installations toujours plus grandes et plus puissantes pour la production d'électricité à Aarburg-Ruppoldingen, Schwyz, Rathausen, Spiez, Hagneck sur le lac de Bienne et Beznau. Alors que Charles Brown perfectionnait sans cesse les machines et faisait breveter ses inventions, Walter Boveri développait résolument l'entreprise pour en faire un groupe mondial. Trois ans après sa création, la firme employait déjà quatre cent cinquante personnes, cinq ans après mille, dix ans après mille cinq cents. En 1900, la filiale allemande de Mannheim ouvrit ses portes avec quatre cents employés et dépassa bientôt la maison mère quant à la taille, au chiffre d'affaires et au bénéfice. Avant la Première Guerre mondiale, d'autres succursales s'ajoutèrent à Paris, Milan, Oslo et Vienne. Brown fit édifier pour lui et les siens un château romantique de style conte de fées, qu'il appela *Römerburg*; cinq ans après la création de BBC, Boveri fit construire une imposante villa néogothique au milieu d'un vaste parc que traversait une allée d'ormes bordée de statuettes. Il employait jusqu'à quinze serviteurs, dont beaucoup portaient une livrée bleue et des gants blancs. Les écuries abritaient, outre des chevaux de race, un poney de polo noir pour les enfants.

Brown et Boveri menaient grande vie. L'entreprise était florissante, leur prestige social grandissait, leur progéniture prospérait. Il est fort probable que les deux jeunes entrepreneurs, qui maniaient encore eux-mêmes le compas et la règle à calculer, prenaient des airs de seigneurs et maîtres dans leurs ateliers de fabrication. En tous les cas, la presse socialiste fit état de nombreuses plaintes selon lesquelles, chez BBC, les ouvriers étaient traités de manière rude et autoritaire, les apprentis frappés jusqu'au sang et les syndicalistes menacés à tout moment de licenciement. Une première grève éclata le 2 février 1899, huit ans après la création de l'entreprise. Les machines restèrent à l'arrêt pendant neuf jours, puis les patrons cédèrent. Les syndicalistes licenciés furent réengagés et une commission d'ouvriers permanente fut constituée : elle était chargée de régler les conflits sociaux avant qu'une grève ne survienne. La direction exhortait aussi les patrons à adopter un comportement respectueux envers les ouvriers. Malgré cela, l'ambiance de travail restait médiocre. Au cours des quatre mois suivants, un tiers des ouvriers de BBC donna sa démission.

Si, au début, les talents complémentaires de Brown et de Boveri s'étaient idéalement complétés, de graves tensions apparurent après quelques années entre les deux fondateurs. Boveri aspirait à l'expansion et à la production en série de produits de masse ; Brown, au contraire, aimait la pièce unique, l'acte créateur, l'invention audacieuse, l'innovation – dans tous les domaines de la vie. Par exemple, ce grand patron de fabrique prenait plaisir à épater les jeunes sur la place de l'école en effectuant des acrobaties sur son bicycle, en reculant assis sur le guidon ou se tenant en équilibre sur la selle avec une jambe posée dessus et l'autre étendue loin derrière. En 1894, Brown, qui par ailleurs était extrêmement myope, commanda un planeur à Otto von Lilienthal, entreprit probablement quelques essais de vol qui occasionnèrent des dommages à l'appareil. Dix ans plus tard, il en fit don au Deutsches Museum de Munich. Dans la petite ville prude de Baden, Brown dut surtout et définitivement sa célébrité à son goût pour les habits de femmes et à ses apparitions dans des rôles féminins. Lors de chaque carnaval ou anniversaire, le chef d'entreprise risquait d'apparaître déguisé en danseuse du temple voilée avec des jupes ondoyantes ; lorsqu'il recevait des hommes d'affaires dans son jardin, près de la piscine, il ne portait parfois qu'un bout de tissu coloré ; et l'on sait de source sûre qu'en 1900, pendant le carnaval, il demanda à son chef de laboratoire de lui brûler les poils des bras avec un bec Bunsen : peu après, une belle et mystérieuse ballerine fit son apparition au bal masqué et bien des hommes de la bonne société de Baden en furent troublés.

Walter Boveri, quant à lui, ne s'intéressait nullement à de telles excentricités. Le boom de l'industrie électrique n'avait duré que quelques années, suivies, au début du XXe siècle, par des crises et des revers qui firent disparaître nombre de jeunes entreprises. Chez BBC aussi, les bénéfices fondirent, l'entreprise tomba dans les chiffres rouges. Face à cette situation, Boveri aurait souhaité que son partenaire se soucie moins de ses hobbys originaux et plus de l'avenir de l'entreprise. Il trouvait aussi que lorsque enfin Brown était dans la fabrique, il aurait dû laisser tomber ses éternels bricolages et expériences qui ne causaient que des frais inutiles et irritaient les clients.

Mais Charles Brown voyait les choses tout autrement. Il ne voulait pas accepter que le temps de la création intuitive et arbitraire était révolu ; il ne voulait rien savoir d'une direction d'entreprise rigoureuse et de calculs précis. Le conflit éclata en été 1911. Brown écrivait avec indignation à une connaissance : « ... le président actuel (Boveri) a eu l'effronterie de m'écrire qu'à son avis, je ne travaillais pas assez pour l'entreprise – à noter au passage que je n'avais alors qu'un demi-salaire et une moitié de participation dans l'affaire. Cela est doublement choquant si l'on songe que mon invention décrite plus haut (le turborotor) rapporte chaque année, en brevets, un multiple de mes appointements... »

Il était tellement fâché qu'en automne 1911, à quarante-huit ans, il se retira de la présidence du conseil d'administration et démissionna de toutes ses fonctions dans l'entreprise. C'est en vain que Walter Boveri tenta de le calmer. Le 11 novembre 1911, il lui écrivit : « Mon vœu le plus cher serait d'aplanir ce désaccord. Mon irritation due aux résultats précaires de notre entreprise, qui ne s'apaisera chez moi qu'avec la mise en œuvre d'une amélioration, m'a amené à une démarche maladroite et induit en erreur sur les conséquences possibles, qui devaient être tout autres. J'espère qu'une collaboration de 25 ans pourra avoir des répercussions assez fortes pour nous permettre de passer outre. J'ai l'intention de venir te trouver dans ce but et espère que tu ne refuseras pas cette rencontre... »

Mais Brown demeura inflexible. Le 12 décembre 1911, il se mit en route pour un voyage éclair qui devait le conduire tout autour du monde. En passant par Milan et Gênes, il s'embarqua sur un bateau à vapeur vers l'Égypte, Ceylan et l'Inde. Il mesurait consciencieusement la température de l'air plusieurs fois par jour et la notait dans son journal ; et lorsque le bateau faisait le plein de charbon dans un port, il descendait à terre pour quelques heures. En Inde, la splendeur des couleurs l'enthousiasma, mais il porta un jugement négatif sur les habitants, « une bande de mendiants paresseux, sales, inintelligents ». Il continua par la Birmanie et la Chine vers le Japon, qu'il trouva « charmant et agréable » ; de Hawaï, où il ne passa que quelques heures, son voyage le conduisit à San Francisco, puis en train sans interruption pendant sept jours jusqu'à New York. Le 10 avril 1912, à huit heures vingt, il était de retour à Baden, par Bâle, après un tour du monde en 118 jours. À la fin de son journal de voyage, il note : « Ce soir, j'ai déjà le sentiment de n'être jamais parti et que mon voyage autour du monde n'a été qu'un beau rêve. »

Charles Brown ne retourna jamais dans les ateliers de BBC. En 1916, il déménagea avec sa famille à Montagnola près de Lugano, dessina des livres pour ses enfants et vécut de ses rentes, heureux et libre de tout souci. Jusqu'à la fin, il afficha un sentiment prononcé de sa propre valeur. Il avait coutume de dire : « J'aurais pu faire n'importe quoi, musicien, sculpteur, peintre – j'aurais toujours été un grand homme. » Le 2 mai 1924, il mourut d'une crise cardiaque, calme et content, comme un enfant.

Walter Boveri vécut en revanche ses dernières années tourmenté par de graves soucis. Abandonné par son ami et partenaire de longue date, il dirigea seul l'entreprise durant la Première Guerre mondiale, catastrophique pour les affaires, et les années de crise qui suivirent. Le combat harassant pour la survie économique épuisa ses forces. En 1922, un accident de voiture lors d'un voyage d'affaires provoqua une fracture du fémur, dont il ne se remit jamais complètement. Cette blessure n'était pas trop grave, mais dès ce jour, son élan vital fut brisé. Devenu mélancolique, dépendant et grabataire, il mourut le 28 octobre 1924, six mois après Charles Brown et peu avant son soixantième anniversaire.

Walter Gerber

Walter Gerber,
1879-1942.
Contact : emmi.com

Au XIXe siècle, des centaines de milliers de Suisses quittèrent leur patrie pour échapper à la faim et à la misère. Parmi ceux qui survécurent au voyage, certains devinrent cultivateurs de café au Venezuela, confiseurs en Russie, éleveurs de bétail au Texas, enseignants au Caire ou hôteliers à Samoa. La plupart s'habituèrent au nouveau climat, apprirent la langue et se familiarisèrent avec le pays et les gens. Parfois cependant, lorsque le mal du pays les tourmentait, ils avaient envie d'un morceau de fromage – surtout de l'emmental à gros trous, le plus suisse de tous les fromages suisses. Alors ils en commandaient un, contre paiement préalable, sur quoi une meule de la taille d'une roue de char se mettait en route, à Thoune, Langnau ou Berne dans une boîte de zinc. Cette meule pouvait par exemple prendre le train jusqu'à Rotterdam et poursuivre sa route sur un bateau de la Ligue hanséatique jusqu'en Russie ou à bord d'un grand voilier en direction de la Nouvelle-Orléans ou encore sur un vapeur de transport de noix de coco vers les mers du Sud en passant par le cap Horn. Grâce à l'étiquette « Store under the waterline », la meule était placée tout au fond de la cale, là où la température était la plus fraîche. Mais une fois à terre, elle restait pendant des semaines entières dans des dépôts de douane non réfrigérés et des entrepôts torrides, avant de traverser la jungle, le désert ou la steppe sur des diligences postales, des chars à bœufs ou à dos d'âne, pour arriver enfin dans la cuisine de l'Helvète nostalgique du pays. Mais la déception était trop souvent au rendez-vous. Le produit qui aboutissait chez lui après un voyage de plusieurs mois à travers le vent et les intempéries, la tempête et la chaleur, n'était pas un emmental tel qu'il le connaissait dans sa patrie, mais une chose monstrueuse, dégoulinante de sueur, moisie et puante. La saveur délicate s'était muée en âcreté piquante, la couleur dorée était devenue un gris verdâtre et, en bouche, le fromage avait une consistance, non pas tendre et veloutée, mais granuleuse et dure comme du cuir. La chaleur avait détruit la structure de la pâte et éliminé l'eau et la graisse de la masse de fromage. Comme les cochons eux-mêmes refusaient de manger ce fromage avarié, les colons déçus exigeaient d'être remboursés et renonçaient à d'autres commandes.

La « maladie équatoriale » de l'emmental, comme on la nommait, était un coup dur pour l'industrie fromagère suisse, tournée vers l'exportation. Comme ce fromage sensible ne supportait pas la chaleur, le marché international lui était fermé, mis à part les pays plus froids de l'Europe septentrionale et de l'Amérique du Nord. Le renoncement aux exportations était d'autant plus douloureux qu'au XIXe siècle, de nombreux paysans des Préalpes étaient passés de la culture des céréales à la production laitière et que des milliers de laiteries étaient apparues, même en plaine, avec une production de fromage beaucoup plus importante que ce que les gens pouvaient consommer. Pour réduire les excédents, il fallait que le fromage puisse se conserver et résister au climat tropical.

Au tournant du siècle, la chimie alimentaire était à son apogée. Dans les laboratoires des universités et des industries, on travaillait sur tout et n'importe quoi pour voir si l'on pourrait en tirer quelque chose d'utilisable. C'était l'époque où Maggi, Knorr et Campbell avaient réussi à développer des aliments étonnamment comestibles à partir de substances toxiques. Il était donc inévitable que les producteurs de fromage européens entreprennent de gros efforts pour immuniser leur fromage contre la maladie équatoriale. Les succès furent rapides pour les fromages à pâte molle, comme le camembert et le limbourg; comme ils contenaient plus d'eau que les fromages à pâte dure, on pouvait les stériliser et les tropicaliser en les chauffant sans détruire la structure de la caséine. En 1896, Karl Hoefelmayer commercialisa un camembert en boîte à Kempten, en Bavière. Deux ans plus tard, le Hollandais Jan Hendrikzoon Eyssen fit breveter à Oosthuizen la conservation tropicalisée du fromage hollandais grâce à un conditionnement sous vide.

En Suisse, tout était en revanche plus difficile. Si l'on essayait de conserver l'emmental, le gruyère et le sbrinz en les chauffant, le fromage se décomposait de manière irréversible en ses éléments – ce qui signifie qu'il succombait à la maladie équatoriale pour ainsi dire déjà avant le départ. Le conditionnement sous vide ne parvenait pas non plus à éviter une attaque fongique ou un processus de décomposition. Il fallait donc trouver une stérilisation qui soit la plus douce possible, ainsi qu'une méthode permettant de mieux lier l'eau et la graisse avec les protéines afin d'éviter la transpiration fatale sous les tropiques. Fritz Stettler et Walter Gerber, de Thoune, ont le grand mérite d'avoir trouvé une solution à ce problème: ils inventèrent le fromage fondu qui, de l'Oberland bernois, parvint à conquérir le monde.

Les ancêtres de Walter Gerber étaient des fromagers et peaussiers de l'Emmental. Le XIXe siècle était la grande époque des «barons du fromage», qui vendaient le fromage suisse dans le monde entier et avaient ainsi acquis une aisance appréciable. Dès 1850, alors que des chemins de fer étaient construits un peu partout, mais aucun dans l'Emmental encore isolé, les frères Hans, Fritz et Christian Gerber se rendirent compte que leur commerce florissant de Langnau, très éloigné de la gare la plus proche, n'aurait aucune chance de survie. En 1859, peu après l'ouverture de la ligne ferroviaire Berne-Münsingen-Thoune, l'entreprise quitta l'Emmental pour s'établir à Thoune et acheta judicieusement, en 1860, un grand terrain près du remblai de chemin de fer.

Une nouvelle ère s'annonça en 1905 lorsque après la mort de Christian Gerber, son petit-fils Walter reprit la direction de l'entreprise familiale à l'âge de vingt-six ans. Fils d'une famille aisée, Walter avait appris le français dans une école privée de Neuchâtel et accompli des stages professionnels de commerce à Zurich, Marseille et Londres, afin de se préparer minutieusement au métier de baron du fromage. Mais dès le début, il semble avoir visé un objectif majeur : supprimer la transpiration de l'emmental, afin de l'expédier au-delà des océans et de le vendre dans le monde entier. Dans les premières années, lui-même et Fritz Stettler, son fondé de pouvoir, croyaient qu'il suffirait de presser le fromage de manière hermétique et de l'empaqueter dans de petites boîtes en fer-blanc d'un format pratique. Ils créèrent un motif de fleur alpine pour les boîtes, baptisèrent le fromage *Fleurs des Alpes* et firent protéger cette appellation par l'Office de la propriété intellectuelle à Berne. En avril 1906, ils présentèrent leur fromage en boîte à l'exposition coloniale de Marseille. Il apparut malheureusement par la suite que le Fleurs des Alpes présentait toujours des moisissures et qu'il n'y avait pas moyen de stériliser le fromage en le chauffant. Les deux jeunes entrepreneurs firent alors fondre eux-mêmes l'emmental dans des marmites de cinq litres et le transvasèrent dans les boîtes en fer-blanc – mais ils durent constater que ce traitement n'offrait aucune protection contre la maladie tropicale. Gerber et Stettler, qui avaient tous deux une bonne formation commerciale mais aucune connaissance en fromagerie ni en chimie, décidèrent d'aborder la question avec une précision scientifique. Ils se procurèrent des livres spécialisés en économie laitière et installèrent un laboratoire d'essai chimique au premier étage de la maison mère de Thoune, à l'Allmendstrasse 1.

Afin d'éviter l'exsudation d'eau et de graisse sous l'effet de la chaleur, ils ajoutèrent au fromage râpé de la fécule et de la gomme arabique, ce qui améliorait la consistance, mais n'avait aucun effet sur les attaques fongiques et la surmaturation. En 1910, après cinq années d'essais infructueux, ils réalisent un progrès important : ils installèrent des mélangeurs dans de petites chaudières et y firent chauffer prudemment la masse de fromage sous vide avec un apport de vapeur ; en même temps, ils la brassèrent vigoureusement pour que le gras et le liquide se lient aux protéines avec plus de stabilité et que l'emmental puisse se conserver nettement plus longtemps. Cependant, le nouveau fromage Fleurs des Alpes n'était encore de loin pas capable de résister à la maladie tropicale.

L'histoire du fromage fondu commence véritablement en 1912, à l'époque où, à Berne, le professeur Robert Burri étudiait l'effet conservateur du citrate de sodium sur les aliments. Il entretenait, semble-t-il, de bonnes relations avec l'entreprise Gerber et lui permettait de profiter des résultats de ses recherches. En tous les cas, Fritz Stettler se procura en juin 1912 une grande quantité de citrate de sodium afin de procéder par lui-même à des essais pour améliorer le fromage en boîte. En même temps, Gerber vendit la fromagerie d'origine à l'entreprise Bürki & Co de Berne pour pouvoir se consacrer entièrement à la recherche.

D'après le journal du laboratoire, Gerber et Stettler utilisèrent comme additifs non seulement de l'acide citrique et du citrate de sodium, mais aussi de l'hydroxyde de sodium, du bicarbonate de sodium, du phosphate de calcium, du sulfate de sodium et de l'acide lactique. Après une année d'essais patients et systématiques, ils atteignirent enfin leur but le 18 juillet 1913 : ils avaient trouvé la recette de l'additif pour le fromage fondu.

Solution 1 : 1 l d'eau, 1000 g de carbonate de sodium, 1050 g d'acide citrique.

Solution 2 : 2 l d'eau, 200 g de chaux vive, 500 g de sel.

Stettler ajouta la solution 2 à la solution 1 en ébullition, ce qui créa une masse jaune et crémeuse. En ajoutant cette crème à l'emmental râpé, on améliorait non seulement la durée de conservation, mais aussi la structure : il était désormais possible de faire fondre correctement le fromage sans que le gras et le liquide ne se séparent des protéines.

Le nouveau fromage fondu, que Gerber et Stettler appelèrent modestement *Fromage en boîte*, était une création sans précédent : certes, comme leurs prédécesseurs en Bavière et en Hollande, ils liquéfiaient aussi le fromage en le chauffant, mais l'acide citrique qu'ils ajoutaient permettait la précipitation de la caséine et un effet d'émulsion jusque-là inconnu, donnant naissance à un produit lacté innovant et digeste à la consistance délicate. Lors

Annonce, 1952.
Contact: emmi.com

de l'Exposition nationale suisse de 1914, le fromage fondu Gerber remporta un grand succès et obtint une médaille d'or dans la catégorie économie laitière.

Walter Gerber et Fritz Stettler auraient naturellement souhaité garder le secret sur leur découverte et la protéger par un brevet. Mais en 1914, le dépôt de brevet pour les aliments n'était pas possible en Suisse; de plus, le fromage Gerber ne respectait pas l'exigence de pureté définie dans l'ordonnance sur les denrées alimentaires, selon laquelle le fromage ne devait pas contenir d'additif autre que le sel. Il ne fallut que peu de temps aux premiers imitateurs pour entrer en scène. En juin 1914, un mois seulement après la présentation du fromage Gerber à l'Exposition nationale, l'entreprise américaine Phenix Cheese Corporation commanda une caisse de Fleurs des Alpes et envoya son manager Linn Eugen Carpenter en Suisse. On raconte aujourd'hui encore que ce Carpenter, homme très affable, avait loué pour deux mois une chambre en face de la fabrique Gerber: il avait coutume d'inviter le soir tel ou tel employé pour boire un verre, manger une tranche de lard et bavarder un moment.

Si Walter Gerber et Fritz Stettler avaient su qu'ils pouvaient déposer un brevet non pas en Suisse, mais aux États-Unis, ils l'auraient certainement fait – et ils auraient ainsi dominé le marché mondial du fromage fondu pendant de nombreuses années. Mais c'est Linn Eugen Carpenter qui, une fois sa mission accomplie, fit breveter, le 21 juin 1915, la méthode de Gerber auprès de l'United States Patent Office. Une année plus tard, James Lewis Kraft, fils de fermier et marchand de fromage, inscrivit, lui aussi, à Chicago, un brevet semblable et devint rapidement le plus grand commerçant de fromage du monde. En France, la fameuse *Vache qui rit* fit son apparition en 1921.

En Suisse également, le secret de fabrication ne résista pas longtemps devant la concurrence. En 1918, quelques fromagers de Berthoud décidèrent de produire à leur tour du fromage fondu. Ils se rendirent à Thoune avec quelques milliers de francs en poche afin de corrompre l'un ou l'autre des simples ouvriers; ils obtinrent ainsi à peu de frais le secret industriel et commencèrent à produire le fromage *Chalet* dès 1919. Par la suite, les fabriques de fromage fondu se mirent à pousser comme des champignons: Langnau en 1919, Schindellegi en 1922, Lucerne en 1923, puis également à Vevey, Sumiswald, Bischofszell, Zurich, Lausanne, Meilen, Berne, Uster et Bazenheid (SG).

Ces fabriques ne survécurent généralement que quelques années avant de disparaître – mais Gerber subsista, se développa et eut la satisfaction de racheter peu à peu la plupart de ses concurrents. Comme souvent, en effet, les inventeurs ont, sur leurs imitateurs, l'avantage de l'expérience, raison pour laquelle le fromage en boîte de Gerber était objectivement le meilleur. Mais les premières années furent difficiles. Les petits fromages Gerber venaient d'apparaître sur le marché, lorsque la Première Guerre mondiale éclata en août 1914. Le commerce de libre-échange s'effondra. Les armées des puissances belligérantes avaient certes d'énormes besoins d'aliments en conserve et Thoune recevait de grandes commandes, notamment d'Allemagne. Mais d'un autre côté, les matières premières se faisaient rares et la production ne parvenait pas à répondre à la demande. Tous les aliments étaient rationnés, les exportations contrôlées par l'État et fortement limitées. Dans l'urgence, Gerber se replia sur le marché intérieur et remplaça la boîte métallique par un emballage en copeau de bois, plus léger et moins cher.

Dans cette situation, Walter Gerber réussit un coup de génie en 1918 : il transforma l'entreprise en société anonyme et vendit vingt-cinq pour cent des actions à l'Association suisse des producteurs de lait. D'un seul coup, il avait ainsi derrière lui l'association quasi étatique des producteurs de lait qui lui garantissait en tout temps des livraisons de matière première en quantités suffisantes et à prix avantageux. C'était d'autant plus important qu'après le Traité de Versailles, une lutte acharnée et meurtrière éclata entre les fabricants suisses de fromage fondu. Ils essayaient par tous les moyens d'offrir des prix inférieurs à ceux des concurrents, ce qui nuisait souvent à la qualité ; certains utilisaient des boîtes à double-fond et donnaient des indications de poids peu précises, ce qui causa un tort considérable à la réputation traditionnellement bonne de l'économie laitière suisse.

À l'issue de cette lutte pour la survie, le fromage Gerber se révéla nettement comme le leader suisse incontesté du marché. En 1927, Walter Gerber réussit un nouveau coup : il vendit encore vingt-cinq pour cent des actions au groupe Nestlé, ce qui lui donnait accès au réseau de distribution mondial de ce groupe. Un an auparavant, l'entreprise de Thoune avait déjà pris les devants pour amorcer le grand saut par-dessus l'océan Atlantique : avec une campagne de publicité qui avait coûté un demi-million de francs pour 1926 uniquement, elle décida de s'attaquer à l'entreprise *Krafft-Phenix Cheese* qui avait imité ses produits. En Amérique, le fromage de Gerber ne s'appelait pas *Fleurs des Alpes* mais *Swiss Knight*, compte tenu de la clientèle. Sur la boîte ne figuraient pas des fleurs, mais un lansquenet suisse et pour la première fois, le nom *Gerber* resplendissait en blanc sur fond rouge, qui est depuis lors la marque distinctive de l'entreprise. Walter Gerber, qui avait une nature réservée, essaya vainement d'éviter que son nom soit ainsi mis en évidence. Finalement, il céda à la volonté de ses publicitaires, mais quelques mois plus tard, il se retira de la direction de l'entreprise pour raison de santé.

Walter Gerber n'avait que quarante-sept ans, mais il était épuisé par les efforts consentis pour créer sa firme. Il restait l'homme le plus puissant de l'entreprise et le plus gros actionnaire individuel, mais avec l'arrivée de Nestlé, la famille avait perdu la majorité des actions. Le fromage Gerber lui avait apporté la richesse, mais ses poumons étaient atteints et il souffrait du rude climat des montagnes de la région de Thoune. Il n'avait pas d'enfants. Durant les quinze dernières années de sa vie, il s'offrit, à lui-même et à son épouse Leonore, le rêve de la grande bourgeoisie d'alors – passer l'été dans la ville mondaine de Lucerne et l'hiver sur la Côte d'Azur, où il possédait une belle villa à Cannes. Il revenait de temps en temps à Thoune et regardait ce qui se passait à la fabrique, à laquelle il resta lié jusqu'à sa mort en tant que vice-président du conseil d'administration. Il s'éteignit le 7 août 1942, à l'âge de soixante-deux ans, dans sa résidence lucernoise.

Emil Bührle

Emil Bührle, 1890-1956.
Copyright : Stiftung Sammlung
E.G. Bührle, Zurich.

Avant que la Deuxième Guerre mondiale ne fasse de lui le fabricant d'armes de Hitler, Emil Bührle était un jeune homme amoureux des arts et sans la moindre ambition. Pendant la journée, il suivait les cours du lycée de Fribourg-en-Brisgau et passait ses soirées chez son professeur d'allemand, qui s'adonnait volontiers à la sculpture et parlait avec ses élèves de Rilke, Thomas Mann et Hofmannsthal. Il y avait là aussi une certaine Elisabeth qui lui apprit à aimer la poésie allemande. Comme il l'écrit dans ses mémoires, c'est tout naturellement qu'après avoir obtenu sa maturité en juillet 1909, il choisit d'étudier l'histoire de la littérature, la philosophie et l'histoire de l'art – « très *con amore* et sans aucune rigueur pour les examens, vu la très grande diversité des intérêts ». Au bout de deux semestres, le jeune homme, fils d'un fonctionnaire du Pays de Bade, quitta Fribourg pour Munich, où il découvrit, à la Nouvelle Pinacothèque, les œuvres de Claude Monnet, Cézanne et van Gogh. Il commença également à rédiger une thèse de doctorat sur le piétisme dans l'œuvre de Jean Paul.

Mais le 28 juin 1914, à Sarajevo, l'anarchiste Gavrilo Princip tira sur François Ferdinand, l'héritier du trône autrichien. Emil Bührle, l'étudiant en art, fut envoyé en France sur le front occidental comme cavalier militaire. Au cours des cinq années suivantes, il combattit en Russie, en Roumanie et à nouveau en France. Quel degré d'horreur, de détresse et de chagrin ce jeune homme sensible a-t-il vécu, quelles atrocités peut-il avoir vues, endurées et commises lui-même ? Nul ne le sait. Ce qui est sûr, c'est que la guerre avait transformé l'adolescent sentimental en un homme dur, solitaire et renfermé qui s'exprimait rarement et de mauvaise grâce. Ce n'est que quarante ans plus tard qu'il mentionne incidemment dans une conférence que, pendant les années de guerre, « la peau fine de l'esthète » a subi « le tannage nécessaire à cette âpre existence ». L'« esthète et philosophe irréaliste » était devenu un homme habitué à « faire face lucidement aux faits bruts, à prendre des décisions rapides, à agir et à porter la responsabilité pour les autres ».

Lorsque la guerre prit fin, Emil Bührle aurait pu rentrer chez lui et terminer son travail de doctorat en littérature. Mais il ne le fit pas. Il resta au contraire un an de plus dans son régiment de cavalerie pour sécuriser les frontières, réprimer les soulèvements communistes et mater les émeutes de la faim. En automne 1919, son unité reçut la mission d'assurer la paix et l'ordre en Saxe-Anhalt. Le quartier général se trouvait à Magdebourg, à mi-chemin entre Hanovre et Berlin. Le capitaine des dragons Bührle était logé dans le quartier de villas de Sudenburg, à la Lennéstrasse 13, dans la maison d'Ernst Schalk, banquier et membre du conseil du Tribunal de commerce, propriétaire de l'établissement bancaire F. A. Neubauer et par ailleurs père d'une jeune fille prénommée Charlotte, qui avait déjà vingt-trois ans. Le banquier ne voyait aucun mal à ce que Charlotte tombe amoureuse de ce militaire de haute taille, au menton énergique et aux yeux doux, qui avait six ans de plus qu'elle. Mais lorsque les jeunes gens songèrent à se fiancer officiellement et à se marier, l'homme d'affaires expérimenté conseilla instamment à son futur gendre de renoncer à la carrière d'officier ; les perspectives de promotion s'annonçaient en effet médiocres dans la minuscule armée de cent mille hommes que le Traité de paix de Versailles avait concédée à l'Allemagne. Ernst Schalk fit jouer ses relations et procura au fiancé un emploi de stagiaire dans la fabrique de machines de Magdebourg. À peine un an plus tard, le

2 septembre 1920, Emil Georg Bührle et Wilhelmine Charlotte Schalk échangeaient leurs consentements dans le bureau d'état civil de la vieille ville de Magdebourg, et le même jour, l'ex-capitaine – qui n'avait aucune connaissance en gestion d'entreprise ni en économie – était promu fondé de pouvoir de la fabrique de Magdebourg.

C'était l'époque des *réparations*, de la dépression de l'après-guerre et de l'hyperinflation. Ceux qui avaient de l'argent le plaçaient à l'étranger – de préférence en Suisse, qui avait été épargnée par la guerre et bénéficiait d'une monnaie forte. Et comme le traité de paix interdisait pratiquement toute production d'armes aux vaincus, des entreprises allemandes achetaient des fabriques dans des pays neutres pour préparer secrètement le réarmement de l'Allemagne. La Suisse était particulièrement appréciée puisqu'elle ne connaissait aucun contrôle étatique sur la production et l'exportation d'armements et que le Traité de Versailles ne s'appliquait pas sur son territoire national.

En octobre 1923, la *Maschinenfabrik Magdeburg* acheta la fabrique de machines-outils Oerlikon à la périphérie nord de la ville de Zurich. Pour relancer la filiale suisse, il fallait un homme capable de «faire face lucidement aux faits bruts et de prendre des décisions rapides». La direction de l'entreprise envoya Emil Bührle à Zurich pour qu'il examine, au cours des premiers mois, les questions juridiques.

C'est le 20 janvier 1924, un dimanche matin, qu'il pénétra pour la première fois dans la *Werkzeugmaschinenfabrik Oerlikon*. Il fut impressionné par les imposants bâtiments de briques rouges et les vastes ateliers, très propres, bien trop grands pour les quatre-vingts ouvriers et soixante employés encore en poste. Bührle racontera plus tard: «La fabrique réveilla en moi littéralement l'impression d'un champ de bataille déserté, qui m'était familière.» Le plus triste à voir était l'entrepôt plein à craquer de machines-outils de grande valeur mais invendables. Il y avait là, entassés par centaines, des tours, des aléseuses horizontales, des fraiseuses et des rabots à roues coniques, pour lesquels, à l'évidence, aucun acheteur ne se présenterait en cette période de crise économique. Emil Bührle, qui dès la fin de la guerre, avait pressenti que la capitulation de l'Allemagne allait inévitablement conduire à une nouvelle guerre, comprit, avec une clairvoyance d'entrepreneur, que, dans les années à venir, le monde n'aurait que peu de besoins pour des outils civils. La Société des Nations s'efforçait certes de prôner le désarmement et la jeunesse criait : « Plus jamais la guerre ! » Mais ce que le monde allait acheter dans les années suivantes, c'étaient des bombes et des canons.

Le hasard voulut qu'en ce printemps 1924, la fabrique de machines Seebach, située tout à côté, qui était également en mains allemandes et avait développé des canons d'infanterie pour l'armée du Reich, était mise en liquidation. Bührle alla examiner les canons 20 millimètres automatiques, comprit leur potentiel commercial et recommanda à la centrale de Magdebourg d'acheter les canons avec les brevets correspondants, qui faisaient partie de la masse en liquidation. La vente fut réalisée en août 1924. À partir de ce moment, l'usine Oerlikon ne fut plus seulement une fabrique de machines-outils, mais également une usine d'armements et Bührle en devint le directeur. Dix ans avaient passé depuis que l'étudiant en lettres avait abandonné son travail de doctorat et était parti à la guerre. Il n'était plus question de songer à un retour prochain au pays. Bührle demanda à son épouse Charlotte de le rejoindre avec leur fils Dieter, âgé de trois ans, et loua un appartement de quatre pièces près de la fabrique.

Officiellement, la fabrique de machines-outils Oerlikon était toujours une entreprise suisse. Mais elle appartenait à un capital allemand, était dirigée par des ingénieurs allemands et au service de l'armée du Reich. Deux mois seulement après la reprise de l'entreprise, le 28 novembre 1924, le haut commandement de l'armée assurait à Bührle, par contrat, « un large appui de l'administration militaire, en particulier par l'attribution de fonds ». En contrepartie, il s'engageait « à fournir le plus innovant et le meilleur dans ce domaine en priorité à l'administration militaire allemande et à ne débloquer la commercialisation à l'étranger qu'avec l'autorisation de cette administration ».

Les premières années furent difficiles. L'Allemagne, principal client, devait faire face à une hyperinflation ainsi qu'à des dettes de guerre et, selon le Traité de Versailles, n'avait pas le droit d'acheter du matériel de guerre – mais ne voulait pas non plus qu'Oerlikon fournisse des canons à la France, l'Angleterre, la Russie ou l'Amérique. Durant les deux premières années, Bührle vendit un seul canon et deux mille cartouches, au Mexique. Deux ans plus tard, dix canons partirent à nouveau pour le Mexique ; l'Allemagne en commanda un, la Turquie deux et la Tchécoslovaquie quatre.

Hortense naquit le 24 mai 1926. La famille Bührle, qui comptait désormais quatre personnes, acheta une villa dans l'élégante petite ville de Zollikon, au bord du lac de Zurich, loin des cheminées d'usines d'Oerlikon. À ce moment, coup de chance pour Emil Bührle, la maison mère de Magdebourg sombra elle aussi dans les chiffres rouges en 1927. Il saisit cette opportunité, acheta 15% des actions d'Oerlikon grâce à l'aide financière de son beau-père : dès lors, il n'était plus directeur employé, mais copropriétaire de l'entreprise en pleine expansion. En 1929, il réussit même à obtenir la majorité avec 52% des actions. Peu après, le gouvernement de Tchang Kaï-chek, en pleine guerre civile, commanda 120 canons et 150 mille obus. Bührle accepta la commande sans hésiter, mais en même temps il fournit aussi des armes au pays ennemi, le Japon. L'année suivante, 45 canons partaient pour l'Allemagne. Comme cet envoi enfreignait le Traité de Versailles, Oerlikon-Bührle prit l'habitude de livrer ses produits en Allemagne sous une fausse déclaration ou d'indiquer des pays exotiques comme destinataires. Il arrivait aussi parfois que des munitions soient passées en contrebande à Friedrichshafen, Singen ou Lörrach, dans la voiture privée de Monsieur le Directeur Bührle.

À peine Bührle s'était-il assuré la majorité des actions qu'il se libéra de la tutelle allemande et se donna pour principe de fournir n'importe qui, pourvu qu'il soit solvable. Dans les années 1930, les nations se précipitèrent l'une après l'autre dans la course aux armements et les affaires se développèrent à merveille. Bührle vendit des armes à toutes sortes de pays : Angleterre, Allemagne, France, Amérique du Nord et du Sud, Finlande, Estonie, Lettonie, Tchécoslovaquie et Turquie. Il livra même ses canons à l'Union soviétique, lui qui fut durant toute sa vie un fervent anticommuniste. Lorsque la guerre d'Espagne éclata, il fournit aussi bien les républicains que les putschistes de Franco. Et lorsque les troupes de Mussolini attaquèrent l'Éthiopie, les soldats italiens combattaient avec des obusiers de Bührle et l'empereur éthiopien Hailé Sélassié utilisait personnellement un canon 20 mm d'Oerlikon.

Depuis longtemps, la fabrique d'outils Oerlikon n'était plus un « champ de bataille déserté ». En 1934, l'entreprise employait déjà quatre cents personnes, deux fois et demi de plus qu'en 1924. Dix ans s'étaient écoulés depuis qu'Emil Bührle avait repris la fabrique et vingt ans depuis que l'étudiant en art avait abandonné son travail de doctorat. En 1937, il prit possession de l'ensemble des actions et transforma l'entreprise en une société en commandite, dans laquelle il avait seul son mot à dire et était seul responsable avec la totalité de sa fortune privée. Le nombre d'employés tripla jusqu'en 1938 pour atteindre 1240, et lorsque la Deuxième Guerre mondiale éclata en septembre 1939, 2264 personnes étaient au service de Bührle.

Comme la guerre déversait dans les caisses d'Emil Bührle beaucoup plus d'argent que lui et ses descendants ne pourraient jamais dépenser, l'entrepreneur se souvint de son amour pour les beaux-arts. En 1934, il acheta un dessin de Degas et une nature morte de Renoir. Il continua en 1937 avec un paysage de Monet, un petit tableau de Cézanne et une nature morte avec fleurs de van Gogh, ainsi que des œuvres de Manet et Gauguin. Par la suite, le fabricant d'armes succomba à la fièvre du collectionneur. Au fil des ans, il acquit entre autres douze Renoir, dix-neuf Cézanne, quatorze Degas, sept Gauguin, treize van Gogh, quinze Manet, douze Monet et dix Toulouse-Lautrec. Il acheta un appartement à côté de sa villa et le remplit entièrement d'œuvres d'impressionnistes français. Il n'avait malheureusement que peu de temps à consacrer à sa collection. Lorsqu'il lui arrivait de recevoir des invités tard le soir, il les conduisait parfois en silence à travers l'appartement, dépourvu de tout meuble, dans un parcours arbitraire – d'un chef-d'œuvre à l'autre.

La situation devint dramatique lorsque Hitler envahit la France en été 1940 et que la Suisse se vit encerclée par les forces de l'Axe. Cela signifiait pour Oelikon-Bührle que des contrats de fourniture signés avec la France, l'Angleterre et la Hollande, pour un montant de plus de 250 millions de francs, ne pourraient plus être honorés. Ce n'était pas une surprise pour Emil Bührle : bien des mois auparavant déjà, il avait passé un accord avec les nazis allemands selon lequel il livrerait ses canons à la Reichswehr si sa clientèle « alliée » faisait défaut. Au cours des quatre années suivantes, jusqu'en juillet 1944, la fabrique de machines-outils fut presque exclusivement au service de l'armée allemande et celle-ci passa tellement de commandes que Bührle fut parfois obligé de faire patienter ses clients pendant une année entière. De 1941 à 1944, il envoya chaque année à Berlin des factures de 120 à 180 millions de francs. Mais l'argent de Washington et de Londres coulait également à flots dans les caisses d'Oerlikon. Bührle n'avait certes pas la possibilité de livrer des canons aux Alliés, mais les États-Unis fabriquaient eux-mêmes plus de 150 000 mortiers Oerlikon et la Grande-Bretagne plus de 35 000 canons Bührle. Parfois ils payaient les redevances, parfois non.

Emil Bührle était déjà riche dans les années 1930 – mais la guerre fit de lui un homme richissime. Entre 1939 et 1945, son revenu déclaré passa de 6,8 à 26 millions de francs et sa fortune imposée de 8,5 à 127 millions de francs. Sa conscience l'a-t-elle parfois tourmenté ? Il ne l'a jamais avoué publiquement. Le 18 novembre 1942, il répondait à un journaliste de la *Gazette de Lausanne* qui voulait savoir si, en tant que fabricant d'armes, il n'avait pas mauvaise conscience : « Pas le moins du monde ! On doit prendre les gens comme ils sont. Depuis qu'il y a des hommes, ils se sont battus à coups de bâtons ou de haches. Aujourd'hui, ils sont devenus un peu plus intelligents dans ce domaine ! Du reste, il n'y a guère de pays auquel je n'aie livré des armes et des munitions, bien des années déjà avant la guerre actuelle. » Lorsque le journaliste lui demanda s'il se sentait parfois seul, Bührle répondit : « Vous touchez là un point sensible. C'est là le sort réservé à quiconque s'élève à un poste lourd de responsabilités. Il y a bien des choses alors auxquelles il faut renoncer. »

Emil Bührle estimait qu'en fournissant à parts égales tous les belligérants, sa fabrique d'armes en faisait assez pour satisfaire à la neutralité suisse. Les Alliés n'étaient pas du même avis. En 1941, ils mirent Bührle et ses entreprises sur la liste noire des firmes livrant des produits aux nazis, qu'il s'agissait de boycotter. Par deux fois, des avions britanniques bombardèrent le quartier zurichois d'Oerlikon – soi-disant par erreur, selon ce que Londres télégraphia chaque fois en toute hâte à Berne. En 1940, plusieurs maisons d'habitation furent touchées le long du remblai de chemin de fer, onze personnes furent blessées et une femme tuée ; en mai 1943, un obus non éclaté se retrouva à cinq cents mètres de la fabrique. La fabrique elle-même ne fut pas touchée. Mais de nombreux observateurs considérèrent cette attaque comme un appel du pied à l'intention des fabricants d'armes suisses. Emil Bührle ne se laissa pas décourager et continua à produire tout ce qu'il pouvait pour les armées de Hitler. Ce n'est qu'après la bataille de Stalingrad, lorsqu'il apparut clairement que l'Allemagne allait perdre la guerre, que Bührle commença une nouvelle fois à rechercher la clientèle alliée. En automne 1944, au moment où le Conseil fédéral, sous la pression des puissances occidentales, décréta une interdiction totale d'exportation de matériel de guerre, il tenta vainement de réactiver les commandes des Alliés de 250 millions de francs, bloquées depuis 1940.

Entrepreneur visionnaire, Bührle avait pressenti très tôt déjà que la conjoncture de la guerre allait prendre fin un jour ou l'autre. Pour renforcer sa « béquille » civile, il acheta trois fabriques de textiles non rentables et commença à construire des machines de bureau, des moteurs et des freins pour les trains. En même temps, il tenta d'améliorer son image auprès du public suisse en se présentant comme un mécène des arts. Il accomplit une première bonne action en 1941 en offrant les deux millions de francs nécessaires à l'agrandissement du Musée des beaux-arts de Zurich. Mais lorsque, la même année, il voulut également donner deux millions de francs au théâtre de Zurich pour un nouveau bâtiment, il se heurta à un refus indigné : les gens de théâtre qui avaient émigré d'Allemagne ne voulaient pas accepter de l'argent provenant d'un commerce d'armes avec les nazis. Et lorsqu'il créa une « Fondation Goethe pour l'art et la science », avec un nouveau don de deux millions de francs, la Société suisse des écrivains émit tout d'abord quelques objections contre cet « argent couvert de sang », avant de l'accepter tout de même, avec un léger embarras, en avançant plusieurs arguments : premièrement, cet argent n'avait pas d'odeur, deuxièmement, il avait été gagné par de braves prolétaires et troisièmement il pourrait faire beaucoup de bien aux auteurs en difficulté. Seul le journaliste bernois Hans Schwarz lança de terribles imprécations dans le journal *Nation* du 7 février 1945 : « Ces deux millions de francs sont de l'argent couvert de sang, du premier au dernier centime... Ils exhalent l'odeur de cadavres des fosses communes... Ils ont été payés par la perte d'une culture vieille de deux mille ans et sont recouverts de la poussière de pourriture de dômes brisés et de villes incendiées... Que celui qui touche cet argent, ne serait-ce qu'avec l'ongle d'un doigt, soit proscrit du pays des hommes libres. Quant au poète ou à l'écrivain qui tend la main vers cet argent, que cette main se dessèche, de même que son cerveau, qu'il ne trouve plus le sommeil dans des nuits d'insomnie jusqu'à sa fin maudite et que les grands yeux des enfants auxquels on a pris père, mère et patrie, le regardent dans l'obscurité de la nuit ! »

Lorsque les armes se turent en 1945, la branche de l'armement connut la crise pendant quelques années. De nombreux fabricants d'armes firent faillite ou se reconvertirent dans des domaines civils. Chez Oerlikon-Bührle, le chiffre d'affaires de 200 millions de francs s'effondra aussi pour atteindre le dixième de ce montant et cela durant cinq ans. Emil Bührle dut verser chaque mois un million de francs de sa fortune privée à l'entreprise. Mais ensuite, ce fut le début de la guerre froide, et la demande pour les canons Oerlikon reprit de plus belle. En 1947 déjà, les États-Unis biffèrent le nom de Bührle de la liste noire car la Navy souhaitait acheter 240 000 missiles air-sol 8 cm. Pour éviter de faire obstacle à ce commerce, le gouvernement suisse leva l'interdiction d'exporter des armes, sur quoi les chiffres d'affaires remontèrent en flèche. Décrié aujourd'hui encore comme «l'ami des nazis», Emil Bührle s'était mué très rapidement en défenseur éminent du monde libre contre le communisme. La Navy américaine l'invita aux États-Unis avec son épouse Charlotte, l'Université de Zurich lui laissa miroiter le titre de docteur honoris causa. Seule la grande bourgeoisie zurichoise, dont il aurait tellement voulu faire partie, lui interdit obstinément son accès. Bührle le ressentit comme une terrible injustice. «Il me paraît toujours paradoxal, dit-il le 9 mars 1955 devant la Société d'économie politique de Zurich, que l'on honore le soldat, mais que l'on discrimine celui qui fabrique des armes.»

Ses protestations ne lui seront pas plus utiles que son mécénat pour la peinture, la musique et la littérature. Il ne fut accepté dans aucune corporation, ne participa jamais au *Sechseläuten* et ne fut pratiquement jamais invité par la bourgeoisie zurichoise pour un baptême, un mariage ou un anniversaire. Emil Bührle mourut le 28 novembre 1956, trois mois après son soixante-sixième anniversaire, de manière inattendue, d'un arrêt du cœur alors qu'il était en train de travailler.

Sources

RUDOLF LINDT

SCHMID Hans Rudolf, *Die Pioniere Sprüngli und Lindt*, Zurich, 1970
TREICHLER Hans Peter, CORRADI Georg *et al.*, *150 Jahre Freude bereiten. Chocoladefabriken Lindt & Sprüngli AG 1845 bis 1995*, Kilchberg, canton de Zurich, 1995
Documents d'archives de l'entreprise «Lindt & Sprüngli» à Kilchberg, canton de Zurich

CARL FRANZ BALLY

HEIM Peter, *Königreich Bally*, Baden, 2000
Plaquettes anniversaires et rapports annuels de Bally
BALLY C. F., *Tagebuch*
Journal chronologique de l'entreprise Bally AG

JULIUS MAGGI

MAGGI Michele, *Animadversiones in medicamentorum agenti modum. Thèse de doctorat*, Padoue, 1836
MEILI Wilfried, *Zwei Generationen Maggi. Familien- und Firmengeschichte*, impression privée, Effretikon, 1994
PFISTER G., *Maggi-Chronik*, s.l., 1942
SIEGMANN Peter C., *Frank Wedekind als Werbetexter*, manuscrits non publiés tirés des archives Julius Maggi. In: *Der kühne Heinrich (Almanach)*, Zurich, 1976
SCHULER Fridolin, *Erinnerungen eines Siebenzigjährigen*, Frauenfeld, 1903

TEUTEBERG H.-J., *Kleine Geschichte der Fleischbrühe*, Stuttgart, 1990
TREICHLER Hans Peter, *Die stillen Revolutionen. Arbeitswelt und Häuslichkeit im Umbruch (1880-1900)*, Zurich, 1992.
Lettres, journaux et autres documents dans les archives Maggi, gérées par Nestlé SA à Vevey

ANTOINE LE COULTRE

JEQUIER François, *De la forge à la manufacture horlogère*, Lausanne, 1983
LE COULTRE Zélie, *Les industries de la famille Le Coultre et particulièrement celles créées par mon cher mari*, manuscrit, 1886
LE COULTRE Élie, *Notices sur la Maison de 1860 à 1885*, manuscrit, 1885
LE COULTRE Élie, *Ma Vie*, manuscrit, 1914

HENRI NESTLÉ

HEER Jean, *Nestlé. Hundertfünfundzwanzig Jahre*, Vevey, 1991
PFIFFNER Albert, *Henri Nestlé. Vom Frankfurter Apothekergehilfen zum Schweizer Pionierunternehmer*, thèse de doctorat, Zurich, 1993
Divers journaux et périodiques

JOHANN JACOB LEU

CATTANI Alfred, Johann Jakob Leu, Zurich, 1955
HONEGGER Andreas *et al.*, *Im Wechsel der Perspektiven. 250 Jahre Bank Leu*, plaquette anniversaire, Zurich, 2005
JUNG Joseph, *Geschichte der Bank Leu*, Zurich 2005
PALLMERT Sigrid, *Seide - Stoff für Zürcher Geschichte und Geschichten*, Zurich, 1999
VOGT Marianne, *Johann Jacob Leu 1689-1768. Ein Zürcher Magistrat und Polyhistor*, Zurich, 1976
ZIEGLER Peter, *Zürcher Sittenmandate*, Zurich, 1978

FRITZ HOFFMANN- LA ROCHE

FEHR Hans, *3 mal 25 Jahre. Fragmente aus der Roche-Geschichte*, Bâle, 1971
PEYER Hans Conrad, *Roche 1896-1996. Geschichte eines Unternehmens*, Bâle, 1996
WANNER Gustav Adolf, *Fritz Hoffmann-La Roche 1868-1920*, Bâle, 1968
Archives cantonales de Bâle, Oraisons funèbres et collections biographiques

CHARLES BROWN ET WALTER BOVERI

BOVERI Walter, *Ein Weg im Wandel der Zeit*, Munich, 1964
BOVERI Walter, Lettres, non publiées, archives ABB
BOVERI Margret, *Verzweigungen. Eine Autobiographie*, Munich, 1977
BROWN Charles, *Tagebuch einer Reise um die Welt*, non publié, archives ABB
CATRINA Werner, *BBC - Glanz. Krise. Fusion. 1891-1991. Von Brown Boveri zu ABB*, Zurich, 1991
CATRINA Werner, *ABB - die verratene Vision*, Zurich, 2003
LANG Norbert, *Charles E. L. Brown (1863-1924), Walter Boveri (1865-1924), Gründer eines Weltunternehmens*. Verein für Wirtschaftshistorische Studien (éd.), Meilen, 2000
MÜLLER Christian, *Arbeiterbewegung und Unternehmerpolitik in der aufstrebenden Industriestadt Baden nach der Gründung der Firma Brown Boveri 1891-1914*, thèse de doctorat, Aarau, 1974
RINDERKNECHT Peter (éd.), *75 Jahre Brown Boveri*, plaquette commémorative, Baden, 1966
Journal d'entreprise BBC 5/63, 1/65, 10/66, 9/74 et 10/74
Communiqués BBC mai et octobre 1924

WALTER GERBER

BUTENSCHÖN Hans, *Die Herstellung von Schmelzkäse*, Hildesheim, 1931

EGGER Kurt, *Die modernen Schmelzkäseverfahren,* Berne, 1955

GALLATI Werner, *Die schweizerische Schachtelkäseindustrie,* Berne, 1943

ROTH Alfred G., *Aus der Geschichte des Schweizer Käses. Neue Quellen und Forschungen zu seiner Geschichte bis 1914,* auto-édition, Burgdorf (Berthoud), 1970

STRAHLMANN Berend, «Die Erfindung des Schmelzkäses». In: *Mitteilungen aus dem Gebiet der Lebensmitteluntersuchung und -hygiene,* vol. 59, Berne, 1968

STRAHLMANN Berend, «Walter Gerber». In: *Neue Deutsche Biographie 6,* Munich, 1964

Renseignements oraux et écrits de l'entreprise Gerber AG à Thoune

Oberlander Tagblatt, 9 et 10 août 1942

Archives de l'entreprise Gerberkäse AG, Thoune

EMIL BÜHRLE

HEINIGER Markus, *Dreizehn Gründe, warum die Schweiz im Zweiten Weltkrieg nicht erobert wurde,* Zurich, 1989

HELLER Daniel, *Zwischen Unternehmertum, Polilik und Überleben,* Frauenfeld, 2002

HOFER Fritz, *Meisterwerke der Sammlung Emil G. Bührle,* Zurich, 1990

HUG Peter, *Schweizer Rüstungsindustrie und Kriegsmaterialhandel zur Zeit des Nationalsozialismus,* Zurich, 2002

LINSMAYER Charles, «Blutgeld vom ersten bis zum letzten Rappen...». In: *Der Bund,* 13.9.1997

STREHLE Res, DUTTWEILER Dölf *et al., Die Bührle-Saga,* Zurich, 1981

Table des matières

AVANT-PROPOS 7
RUDOLF LINDT 12
CARL FRANZ BALLY 23
JULIUS MAGGI 33
ANTOINE LE COULTRE 45
HENRI NESTLÉ 55
JOHANN JACOB LEU 65
FRITZ HOFFMANN-LAROCHE 74
CHARLES BROWN ET WALTER BOVERI 84
WALTER GERBER 94
EMIL BÜHRLE 103

SOURCES 113

TABLES DES MATIÈRES 117

Même éditeur

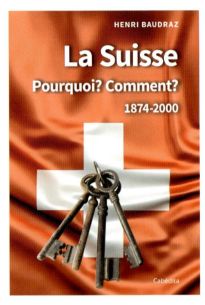

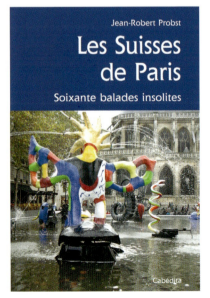

Même éditeur

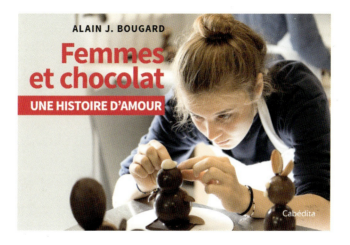

*Achevé d'imprimer
le quinze septembre deux mille vingt-et-un
pour le compte des Éditions Cabédita à Bière.*

Mise en pages : Graphictouch, Pierre Maleszewski, Morges

Correctrices : Valérie Caboussat, Éliane Duriaux

Si ce livre vous a plu, si cette collection vous intéresse, demandez notre catalogue à votre libraire ou les autres titres édités par nos soins. À défaut, adressez-vous directement à :

SUISSE	INTERNET	FRANCE
Éditions Cabédita	www.cabedita.ch	Éditions Cabédita
Route des Montagnes 13B	Téléphone	BP 9
CH-1145 Bière	0041(0)21 809 91 00	F-01220 Divonne-les-Bains

Imprimé en UE